TERRÁRIOS

Creatively Independent

Título original: *Terrariums*
Publicado originalmente nos Estados Unidos em 2015 pela Cool Springs Press, um selo da Quarto Publishing Group USA Inc., 400 First Avenue North, Suite 400, Minneapolis, MN 55401 USA.

Copyright © Quarto Publishing Group USA Inc.
Copyright do texto © 2015 Maria Colletti
Copyright das fotos © 2015 Maria Colletti, exceto as fotos mencionadas nos créditos abaixo
Copyright © 2017 Publifolha Editora Ltda.

Todos os direitos reservados. Nenhuma parte desta obra pode ser reproduzida, arquivada ou transmitida de nenhuma forma ou por nenhum meio sem a permissão expressa e por escrito da Publifolha Editora Ltda.

Coordenação do projeto: Publifolha
Editora-assistente: Isadora Attab
Coordenadora de produção gráfica: Mariana Metidieri

Produção editorial: A2
Coordenação: Sandra R. F. Espilotro
Tradução: Gabriela Erbetta
Consultoria técnica: Sonia Cesarino Scigliano
Preparação de texto: Carla Fortino
Revisão: Maria A. Medeiros, Carmen T. S. Costa

Edição original: Cool Springs Press
Editora de aquisições: Billie Brownell
Gerente de produção: Caitlin Fultz
Diretora de arte: Cindy Samargia Laun
Projeto gráfico: Amelia LeBarron
Foto de capa: Lori Adams
Fotos de contracapa: Maria Colletti

Crédito das fotos
Lori Adams: 4, 6, 8, 14, 30, 32-4, 36-9, 42, 44, 46 (acima), 48, 50, 52, 56-9, 60 (acima), 64-6, 68, 74-103, 104 (acima à direita, abaixo à direita), 105-8, 111 (acima), 112, 119 (abaixo à direita), 120 (acima, no centro à esquerda, no centro da página, no centro à direita), 124 (à direita), 126 (acima à direita), 129 (no alto), 132-5, 137, 140, 143 (à esquerda), 144, 147-8, 150, 156, 157 (acima), 158, 160.
Daniel L. Hyman: 10, 176
Todas as demais fotos: Maria Colletti

Dados Internacionais de Catalogação na Publicação (CIP)
(Câmara Brasileira do Livro, SP, Brasil)

Colletti, Maria
  Terrários : como criar, plantar e manter belos jardins em vidros / Maria Colletti ; [tradução Gabriela Erbetta]. -- São Paulo: Publifolha, 2017.

  Título original: Terrariums
  ISBN: 978-85-94111-03-6

  1. Jardinagem 2. Jardins 3. Paisagismo 4. Plantas ornamentais - Técnicas 5. Terrários I. Título.

17-08053   CDD-712

Índices para catálogo sistemático:
1. Terrários : Jardins : Paisagismo 712

Este livro segue as regras do Acordo Ortográfico da Língua Portuguesa (1990), em vigor desde 1º de janeiro de 2009.

Impresso na China.

PubliFolha
Divisão de Publicações do Grupo Folha
Al. Barão de Limeira, 401, 6º andar
CEP 01202-900, São Paulo, SP
www.publifolha.com.br

Apesar de todos os cuidados tomados na elaboração dos passo a passo deste livro, a editora não se responsabiliza por erros que possam acontecer durante a montagem dos terrários.

TERRÁRIOS
COMO CRIAR, PLANTAR E MANTER
BELOS JARDINS EM VIDROS

MARIA COLLETTI

PubliFolha

SUMÁRIO

7 · A INSPIRAÇÃO VEM DE VÁRIAS MANEIRAS

| 15 |

CAPÍTULO 1
O DESIGN DE TERRÁRIOS

Terrários tropicais
Variações em um aquário
Cenários da floresta
Paisagens desérticas
Terrários sazonais

| 31 |

CAPÍTULO 2
O BÁSICO

Ferramentas
Materiais
Elementos artísticos

| 51 |

CAPÍTULO 3
RECIPIENTES DE VIDRO

Aquários, vidros com base e cilindros
Potes com tampa e vidros de boticário
Caixas wardianas
Vasos de cerâmica, globos e gotas de vidro suspensos
Redomas e lanternas
Pratos para bolo, compoteiras e fruteiras com base

| 69 |

CAPÍTULO 4
MÃOS À OBRA

Passo 1: A drenagem
Passo 2: O espaço entre a drenagem e o substrato
Passo 3: O plantio
Passo 4: A cobertura
Detalhes importantes
Passo a passo da construção de terrários
Aquário clássico
Pote com tampa
Caixa wardiana
Lanterna com tilândsia
Vaso de cerâmica suspenso
Gota de vidro suspensa
Globo de vidro suspenso
Cilindro com seixos
Redoma do explorador
Cenário praiano

| 109 |

CAPÍTULO 5
AS PLANTAS

Plantas aéreas (Tillandsia)
Chifre-de-veado
Cryptanthus
Samambaias
Selaginella
Suculentas
Planta-pedra (Lithops)
Folhagens
Plantas tropicais

| 133 |

CAPÍTULO 6
JARDINS DE INSPIRAÇÃO ORIENTAL

Tudo sobre musgos
A inspiração japonesa
Keshiki
Kokedama
Bolas marimo
Jardins flutuantes

| 151 |

CAPÍTULO 7
MANUTENÇÃO

Identifique as plantas
Solução de problemas
Métodos de hidratação
Transpiração e condensação
Podar e reconstruir

162 · AGRADECIMENTOS

164 · DEDICATÓRIA

165 · FORNECEDORES

170 · GLOSSÁRIO

172 · ÍNDICE

176 · SOBRE A AUTORA

A INSPIRAÇÃO
VEM DE VÁRIAS MANEIRAS

O que é exatamente um terrário? Terrário é um ecossistema fechado que imita o mundo natural. A umidade evapora do solo e das folhas das plantas e se condensa na tampa e nas paredes do recipiente de vidro. O vapor condensado então cai em gotas e reproduz os ciclos naturais da chuva que fornecem umidade para nosso ecossistema e mantêm o planeta em miniatura vivo.

Em 1829, o dr. Nathaniel B. Ward (1791-1868), um médico londrino apaixonado por botânica e natureza, descobriu o princípio científico que existe por trás do que é, hoje, o terrário moderno. Em uma garrafa fechada, o dr. Ward estudou uma mariposa em sua crisálida e encontrou um broto de samambaia. Depois de quatro meses, sem que tivesse regado o vidro com uma gota de água sequer, a muda se desenvolveu. Ward ficou espantado – e ali nascia o conceito das "caixas wardianas". O médico não poderia imaginar como se tornaria influente na arte de criar terrários, mais de um século depois.

Essa caixa wardiana moderna está repleta de palmeiras, plantas cultivadas tradicionalmente em estufas.

Entre 1832 e 1836, Charles Darwin navegou pelo mundo a bordo do veleiro HMS *Beagle*, viagem que incluiu uma passagem pelas ilhas Galápagos, na América do Sul. Em 1839, ele publicou descobertas que levaram à sua teoria da "sobrevivência do mais apto", a qual pode ser resumida assim: os seres vivos passam adiante (pelos genes) suas características que melhor auxiliam na continuidade de sua espécie.

Darwin e outros naturalistas coletaram espécies botânicas que só se mantiveram vivas porque os exploradores as transportaram das florestas de continentes longínquos de volta à civilização dentro de grandes potes de vidro. Eles precisavam manter essas plantas vivas para estudá-las, desenhá-las e catalogá-las. Então escolheram o método do dr. Ward, que usava recipientes fechados de vidro, pois era perfeito para as espécies exóticas que viviam em ambientes quentes e úmidos.

Comecei minhas próprias experiências no parapeito da janela de casa com uma vênus-caça-mosca e uma unha-de-gato em um vidro tampado. Acordo toda manhã e espio aquele pequeno mundo para ver como ele sobrevive. Abro a tampa, retiro o excesso de umidade e fecho novamente. Isso me diverte, e penso que sou uma naturalista dona de tesouros exóticos capazes de crescer e ser estudados dentro de um vidro.

Fiz experiências com plantas carnívoras, samambaias e folhagens tropicais, além de pedras e musgos. Hoje, posso dividir com você meus resultados bem-sucedidos, meus pequenos universos variados. Terrários tampados não precisam de muita rega ou manutenção, portanto você pode admirá-los sem preocupação.

O dr. Ward ficaria orgulhoso ao ver como desenvolvemos tanta beleza a partir de seus experimentos científicos.

Minha obsessão por terrários

Tudo começou há alguns anos, em um lugar chamado The Shop in the Garden, no Jardim Botânico de Nova York, onde trabalho. Naquela época, vendíamos recipientes de vidro diferentes, em formatos únicos. Um deles reproduzia uma enorme taça de martíni, com 90 centímetros de altura, e tinha até haste. Comecei a encher esses "vidros" com plantas, e foram um sucesso de vendas.

Os terrários ainda não eram tão comuns ou conhecidos. Continuei a fazer experiências, usando uma variedade enorme de plantas e cenários, até encontrar meu próprio método de criação. Aprendi quais espécies se mantinham bem e aonde esse tipo de artesanato poderia ir. Isso foi antes da mania das plantas aéreas (*Tillandsia*) atingir a popularidade atual. Desde meu primeiro design, criei dúzias de minimundos dentro de vidros. Fico animada ao pensar que minhas criações deixam as pessoas alegres e que representam uma pequena fatia da botânica.

Sou uma comerciante, em primeiro lugar, mas minha experiência é a de alguém que vende um estilo de vida ligado ao paisagismo. Tenho uma perspectiva única, pois estou sempre pensando: onde posso obter essas plantas, esse material, esses suprimentos? Preciso encomendar ou é possível encontrar perto de casa?

Portanto, além de dividir minhas criações e experiências, compartilho aqui meu conselho para

Essa vênus-caça-mosca (uma espécie de *Dionaea*) ficou nesse vidro por vários anos sem insetos para comer, mas sobreviveu e cresceu.

DICAS DE ESPECIALISTA

Vou dividir com você o que aprendi com meu próprio trabalho. Conto o que funcionou ou não após anos de experiência. Meus conselhos, portanto, não vêm de pesquisas, mas dos terrários que criei, montei e mantive.

Também compartilho dicas de outros comerciantes, produtores e designers que se alegram em dividir seu conhecimento com outras pessoas. Este livro serve como fonte não só para iniciantes, mas também para profissionais experientes.

Em um dia de verão em 2013, minha inspiração veio do jardim colorido de flores sazonais do Golden Gate Park, em frente ao Conservatory of Flowers (São Francisco, Califórnia). Não resisti e me sentei entre as plantas.

você, fã ou designer de terrários, ou então um adepto recente desse hobby que pensa: "Quero me aventurar em uma nova atividade. Desejo ter por perto algo vivo que eu possa acompanhar todos os dias. E, para isso, preciso dispor de apenas um pouquinho do meu tempo livre e do meu espaço".

Isso lhe parece interessante? Então deixe que este livro seja seu guia em direção ao nirvana dos terrários. Lembre-se, você vai encontrar em sites e lojas de plantas bons fornecedores regionais, assim como cursos e workshops sobre criação de arranjos extraordinários. Descobri produtores de musgos verdes que têm lutado para atender à demanda surgida com esse novo hobby. E uma vez que apoio o mercado local sempre que possível, incluí muitos que estão próximos de mim. Verifique a sua área; pode haver criadores de terrários com mercadorias em floriculturas, bazares ou feiras perto de você – compre deles quando puder. Nossos aparelhos eletrônicos estão nos distanciando do mundo natural. Mas por que não usar Twitter, Pinterest, Instagram e Facebook para entrar em contato com mais ideias depois de esgotar as instruções deste livro? Onde quer que você more, existem apaixonados por suas próprias criações. Conecte-se com o trabalho artístico coletivo de nosso mundo criativo.

E agora?

Para onde isso tudo vai levá-lo? Pense em você mesmo como um paisagista em escala minúscula. Você não está apenas colocando algumas plantas dentro

INSPIRAÇÃO DURANTE AS COMPRAS

Há muitos recursos em lojas especializadas, feiras verdes e lojas de plantas que vendem material para terrário – procure uma próxima a você. Percorro esses lugares em busca de ideias para incluir em meus terrários em casa ou no escritório – os designers das lojas têm que criar arranjos chamativos para convencer os clientes de que eles precisam levar aqueles itens. Confesso que caio no truque e muitas vezes compro alguma coisa para acrescentar a meus kits, para meu próximo workshop ou para minha coleção particular.

Os lojistas oferecem todo tipo de recipiente para que você os encha de pedregulhos e plantas. Algumas empresas de vidros e embalagens (bem como de alimentos) são uma boa fonte para terrários. Todo mundo está entrando na onda.

de um vidro, e sim criando um jardim ou reproduzindo uma paisagem da natureza. Pense em seus lugares preferidos ou em jardins de qualquer lugar do mundo. Qual é seu local ao ar livre favorito? E o projeto de paisagismo de que mais gosta? Inspire-se em elementos dessas localidades, reduza as ideias a seus principais componentes e transforme-as em terrários.

Esse é um jeito maravilhoso de retornar ao belo mundo que vemos à nossa volta em parques, jardins, locais históricos, praias, florestas e desertos – mas faça tudo internamente, pois necessitamos de ambientes naturais em casa ou no trabalho. Há muito orgulho em criar e manter um pequeno jardim e olhar para ele todos os dias. Garanto que você ficará admirado com suas habilidades.

Espero que, nestas páginas, você encontre muita inspiração para preencher um sem-número de vidros com suas criações. Acredito que são as pequenas coisas da vida que nos trazem mais alegria. Para mim, é um prazer levar um pouco de bem-estar à sua vida – um terrário de cada vez.

Vamos começar agora mesmo. Lembre-se: inspire-se e crie.

Maria

JARDINS INSPIRADORES

Inspire-se. É isso o que digo a mim mesma – e repito agora para você.

Nunca se sabe o que vai impressionar ou inspirar alguém. Criei um grande terrário vitoriano inspirado no jardim Abby Aldrich Rockefeller, em Seal Harbor, Maine, Estados Unidos – ele foi montado durante uma exposição comemorativa do lugar, no verão de 2014, no Enid A. Haupt Conservatory do Jardim Botânico de Nova York.

De inspiração oriental, o jardim da sra. Rockefeller foi desenhado pela paisagista Beatrix Farrand (1872-1959), sobrinha da escritora Edith Wharton. Contém um caminho de pedras cobertas de musgo que leva a um pórtico redondo cercado de majestosas samambaias. Nessa caixa wardiana, eu quis mostrar aspectos daquele célebre jardim do Maine. Resolvi me valer de um truque e usei um fundo para representar o pórtico. Você pode ver a pequena *Podocarpus nerifolius* pela abertura.

Inspire-se em lugares famosos – ou em seu próprio jardim.

ACIMA: Um lindo *Podocarpus* em close visto a partir do interior do terrário.

À ESQUERDA: A foto mostra a réplica do jardim no terrário: para imitar o piso real, usei um caminho de pedras feitas de resina, comprado de um vendedor de acessórios para jardim, e enterrado em uma placa de musgo seco. Funcionou bem na recriação do cenário.

CAPÍTULO 1
O DESIGN DE TERRÁRIOS

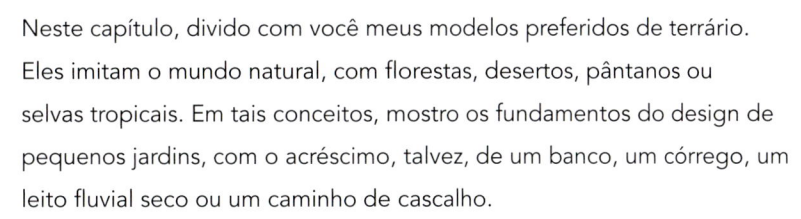

Neste capítulo, divido com você meus modelos preferidos de terrário. Eles imitam o mundo natural, com florestas, desertos, pântanos ou selvas tropicais. Em tais conceitos, mostro os fundamentos do design de pequenos jardins, com o acréscimo, talvez, de um banco, um córrego, um leito fluvial seco ou um caminho de cascalho.

Até mesmo os recipientes de vidro mais simples transformam-se em jardins esplêndidos com os detalhes que adicionamos. Vou mostrar como obter variações usando esses detalhes em vasilhames semelhantes. Às vezes acrescento uma planta incomum, por ser muito bonita, mesmo que fique apenas temporariamente no vidro – vale a pena.

O uso de uma planta diferente pode influenciar o design e alterar o "clima" ou o "estilo" de seu terrário. Você verá neste capítulo como espécies distintas influenciam a criação de cada terrário:

- Terrários tropicais
- Variações em um aquário
- Cenários da floresta
- Paisagens desérticas
- Terrários sazonais

Na criação de jardins em vidros, usamos materiais básicos para mudar a paisagem em miniatura e obter um lugar único que vem da soma das memórias das belezas que admiramos no mundo real.

COMO REPRODUZIR A NATUREZA NOS TERRÁRIOS

Embora meus terrários sejam uma extensão do amor que sinto pelo mundo natural, também adoro jardins criados ao ar livre. Eles trazem diversas ideias e conceitos que podemos incorporar aos terrários.

Por exemplo: existem jardins clássicos, de pedregulhos, perenes ou litorâneos. Outros refletem aspectos históricos ou sugerem mistério – como um jardim secreto. Há os que incluem referências do mundo todo, com elementos dos designs ingleses, franceses ou italianos. Nos Estados Unidos, os jardins muitas vezes representam uma região do país, como o clima do noroeste em Seattle ou os ambientes quentes e úmidos do sul. Em Kennett Square, na Pensilvânia, as quatro estações do ano são reproduzidas no Longwood Gardens, um de meus passeios preferidos.

Cada estilo inclui elementos decorativos característicos e únicos. Talvez seja uma ponte colocada sobre um riacho artificial, uma cerca, um relógio de sol no centro de um canteiro de ervas ou um caminho sinuoso de tijolos que leva a um banco em uma área de descanso.

Apresento esses conceitos do design de jardins para estimular sua imaginação. Pense sobre o que gostaria de acrescentar ao seu projeto.

A influência das plantas no design

Pense nas plantas tropicais e suas inúmeras diferenças. Considere a altura, a textura das folhas, a variegação e os padrões de crescimento. São altivas ou pendentes? São trepadeiras que rastejam em torno dos musgos ou plantas que se espalham por todo canto? As folhas são vermelhas, verde-amareladas, com listras brancas ou sarapintadas?

Que tipo de planta seria melhor para o estilo de jardim que mais lhe agrada? Para o clima regional que deseja reproduzir? Que paisagem natural você pretende criar? Leve a ideia adiante: inclua um elemento do jardim em miniatura ou crie uma réplica autêntica de lugares que visitou em viagens pelo mundo.

O DESIGN DE TERRÁRIOS

Vamos ver algumas obras prontas. Leia a teoria do design triangular básico, no capítulo 4 (p. 74). Olhe bem para cada terrário e repare nas plantas e em seus diferentes padrões. Em cada projeto, elas estão bem próximas, e a textura e a cor das folhas contribuem para o efeito final. Seu olho deve se mover da mais alta para a mais baixa, da mais escura para a mais clara.

Terrários tropicais

Vidro triangular com palmeiras ▶

Esse vidro triangular tem uma tampa bem vedada. O fundo dele está revestido por uma camada de cascalho miúdo para drenagem e, dispostos de forma elegante, encontram-se, à esquerda, uma *Selaginella apoda*, no centro, o líquen *Cladonia rangiferina* seco verde-amarelado e, à direita, o musgo *Hypnum seco*. O trio de plantas inclui singônio (*Syngonium podophyllum*), fitônia (*Fittonia albivenis*), a minha preferida, e *Pteris*, um tipo delicado de samambaia que tem peculiares folíolos retangulares em hastes altas que balançam no ar. A casa de pássaros feita de cobre espera por uma ave imaginária que fique empoleirada ali.

    Esse terrário pode ser mantido fechado por meses. Não é preciso se preocupar com manutenção – talvez, apenas, tirar uma folhinha seca uma ou duas vezes ao ano. Juro!

Pote com folhagem ▶

Esse é o pote com tampa tradicional. O cascalho miúdo comum está tanto na área de drenagem como na cobertura. A planta à frente é uma *Peperomia* 'Schumi Red' de folhas escuras. Peperômias são plantas fortes que se mantêm bem em terrários. Uma *Dryopteris erythrosora* se espalha por cima. E o pequeno regador de bronze foi um acréscimo gracioso.

    Esse terrário pode ser mantido por um longo período, talvez um ano, e não precisa de cuidados porque esse tipo de recipiente fechado preserva bem a umidade. Atenção: a foto foi tirada em um ambiente externo com muita luz solar, mas você nunca deve deixar seu terrário ao ar livre com tanta luminosidade – como se pode ver na imagem, as plantas estão transpirando e acabarão "cozidas" no calor.

◀ Vidro aberto com trio de plantas

Adoro a *Tillandsia tectorum*, uma planta aérea, entre folhagens, dando a impressão de ser um ouriço-do-mar ou uma aranha. Aqui ela foi colocada entre musgo seco *Hypnum*, e há algumas pedras brancas, lisas e grandes, sob o filodendro. O terrário aberto – um vidro do tamanho da palma da mão curvado na parte de cima – fica sobre um prato azul de cerâmica que parece dizer: "Olhe para mim!".

Esse grupo perfeito de plantas tem três elementos bastante diferentes que se complementam muito bem. A tilândsia fica ótima com o filodendro em tom coral e com uma hera inglesa (*Hedera helix*) variegada que cai sobre a borda da frente. Em termos de manutenção, a tilândsia pode ser retirada para a rega, a hera precisa ser podada regularmente, usando os dedos para beliscar a ponta dos ramos a fim de fortalecer suas hastes, e o filodendro deve ser substituído ou podado quando crescer demais.

Meia-lua #1 ▶

Encontrei esse vaso na loja on-line de Martha Stewart há alguns anos. Naquela época, eu fazia experiências com recipientes menos convencionais para ver como seria o padrão de crescimento das plantas mais utilizadas. O modelo tem uma boa quantidade de musgo seco *Dicranum* no centro e uma palmeira-bambu (*Neanthe bella*) subindo perto da parede posterior do vidro. A samambaia *Pteris*, à esquerda, cresce em círculos e cobre a terra. O experimento mostrou-se bem-sucedido.

MANUTENÇÃO DE MEIAS-LUAS

Vasos altos em forma de meia-lua são fáceis de cuidar, como a maior parte dos terrários, e o fato de pedir pouca manutenção ajuda a explicar sua popularidade. A camada de terra é pequena, talvez com 2,5 centímetros de espessura, então bastam duas ou três borrifadas de água na base de cada planta para umedecer a raiz ao menos uma vez por semana.

◀ Meia-lua #2

O vidro está cheio de líquen cladônia (*Cladonia rangiferina*) seco verde-amarelado com três plantas juntas, como se fosse um buquê tropical. O singônio (*Syngonium podophyllum*) fica no topo do design triangular, e seus talos estão escondidos pelo asplênio ou ninho-de-passarinho (*Asplenium nidus*), enquanto a samambaia-preta (*Rumohra adiantiformis*) o envolve por baixo e cai pela borda do vaso. Esse estilo de terrário se adapta bem a uma estante de livros, prateleira ou escrivaninha como um cantinho de jardim sempre à vista.

◀ Meia-lua #3

No fundo desse modelo coloquei um singônio impressionante, com os veios centrais brancos. No centro está novamente a samambaia *Pteris*, mas em frente acomodei uma begônia-asa-de--anjo (*Begonia coccinea*). Também usei um pouco dos musgos *Cladonia rangiferina* verde, à direita, e *Hypnum*, à esquerda, para cobrir a terra.

Quadrado grande #1 ▶

Criei esse vaso quadrado grande e aberto para uma loja da Spruce Home & Garden (antes localizada em Bronxville, Nova York), onde ficava em uma mesa de centro. (Acredito que terrários tornam o ambiente das lojas mais convidativo, e os clientes podem comprá-los ou apenas admirá-los.) Para deixar o projeto baixo, incluí uma seleção de plantas rasteiras que podem ser observadas de cima.

Do lado esquerdo está um musgo-pérola (*Sagina subulata*), com uma estrutura felpuda que deixa o terrário viçoso. No centro, o confete (*Hypoestes*) vermelho atrai o

olhar, e as lágrimas-de-bebê (*Helxine soleirolli*), minha paixão, começam a se mover sobre a unha-de-gato (*Ficus pumila*). Há musgo *Hypnum* à direita e cascalho à esquerda. As plantas são as estrelas e, portanto, a cobertura é mínima; linhas sóbrias valorizam a exposição do conjunto.

◀ Quadrado grande #2

O mesmo recipiente é usado aqui com uma seleção mais abundante de plantas – e o cascalho verde dá um toque bonito. No fundo, a espécie mais alta é uma *Dracaena*, colocada no canto com uma *Peperomia* à direita e um asplênio ninho-de-passarinho (*Asplenium nidus*) à esquerda. Um leito seco de pedregulhos fica entre a begônia-morango (*Saxifraga stolonifera*) e a *Pellaea rotundifolia* no canto direito, contra o vidro.

Gosto dessa pequena selva repleta de plantas. É fácil de cuidar, pois nenhuma delas requer muita atenção. As espécies retêm bem a água, e a grande base de terra mantém as raízes úmidas. Aqui, deixei a terra aparente. Acho que a minifloresta fala por si.

Variações em um aquário

Aqui mostro o modesto aquário comum com uma variedade de jardins. Mesmo quando o formato do vidro se repete, a imaginação não tem limites.

Cryptanthus #1 ▶

Esse é meu design feito sob encomenda preferido. Meu cliente escolheu as plantas e disse: "Estarei de volta em uma hora, surpreenda-me". A base são dois pontos focais bem fortes que se sobrepõem e fluem juntos, para um efeito visual.

Segui uma paleta rosada, com tons de fúcsia e malva harmonizados de forma suave com o verde-amarelado da barba-de-velho. É um esquema de cores sutil. As variações na textura de cada planta deixam o conjunto vistoso. Admito que, por um curto período, estive obcecada pelas bromélias *Cryptanthus*; veja como trabalhei.

Usei um musgo tratado bem verde e plano como base para a *Cryptanthus* 'Pink Star'. A mistura de pedras de rio em tons de cinza, branco, preto e marrom dá outra dimensão ao lado oposto; colocadas propositalmente abaixo das folhas que se irradiam, elas desviam o olhar da planta. Movi as pedras para que elas se amontoassem em um dos lados do vidro.

A tilândsia foi posta delicadamente no ponto onde se sobrepõe à bromélia e fica mais alta, com pontas que ultrapassam a borda do vaso. Ela pode ser facilmente retirada para a rega, a cada semana, e obtém a circulação de ar de que precisa. Bem no centro fica uma pequena *Alternanthera*. É uma variedade de folhas finas e tonalidade azul-esverdeada que combina com o veio verde no meio da bromélia e com a planta aérea.

Repare que as três plantas têm um padrão de crescimento que se irradia para fora em formas pontudas. Isso dá um efeito visual coeso ao design.

Crypthanthus #2 ▶

Essa é a visão interna de um terrário montado em um copo de conhaque gigante. Quis que o recipiente se adequasse a um tema vintage e elegante, pois o modelo seria leiloado em uma feira de antiguidades perto da minha cidade.

Nessa versão, a *Cryptanthus* fica levemente para o lado, sobre uma camada de musgo *Hypnum* verde tratado, escolhido para evidenciar a beleza admirável da bromélia. Completam o arranjo uma fitônia e uma unha-de-gato. As plantas menores, dispostas juntas, têm detalhes brancos que se destacam e atraem o olhar. Os seixos de cor neutra não competem com o restante dos elementos. No geral, para esse modelo,

usei plantas com folhas lisas, para que os veios brancos e o formato das folhas dessem o tom de textura variada. Acho que funcionou.

◀ *Cryptanthus* #3

Às vezes, quero apenas um pouco do verde da natureza perto de mim – essa é a cor predominante nesse modelo. Usei um musgo verde intenso, samambaias pequenas e uma antiga selaginela. A samambaia à esquerda é uma *Pellaea rotundifolia* mais clara que ficará um pouco maior para preencher o espaço e manter o equilíbrio com a planta principal, uma *Cryptanthus*. A selaginela, à direita, compete por espaço ao redor das bordas. Se necessário, pode ser podada, mas vê-la crescer e mover-se sobre o musgo *Dicranum*, à esquerda, é uma experiência de aprendizado interessante sobre o mundo natural.

O lugar de exposição de um terrário é importante, pois o que o rodeia vai acentuar seus componentes. A superfície vai refletir fora do vidro e adicionar cor ao interior do terrário. Para tirar essa foto, coloquei esse mundo esmeralda sobre um bebedouro para pássaros porque combinava com sua sofisticação.

Cryptanthus #4 ▶

Aqui você vê como uma samambaia pode se arquear sobre a *Cryptanthus* 'Pink Star', criando um efeito que lembra penas. A fitônia aparece um pouco mais enterrada no musgo e levemente coberta, de propósito, pela selaginela. Mais uma vez, usar principalmente o verde com o musgo e a samambaia dá uma aparência mais silvestre; a única cor adicional é o rosa da bromélia, que fica ainda mais surpreendente.

Cryptanthus #5 ▶

Considero essa seleção atraente porque a fitônia de veios vermelhos é a verdadeira estrela no lugar da bromélia 'Pink Star'. A fitônia também cresce e se sobrepõe às outras espécies, o que pode mudar o design de maneira interessante. Com o uso de pedras pretas maiores, o tom do arranjo aumenta de intensidade – e o vidro ainda contém um redemoinho verde. Com ramos escuros, essa variedade de *Selaginella* 'Ruby Red' é espantosa.

Um montinho de musgo *Dicranum* seco mantém a forma enquanto as plantas se curvam sobre ele – e não precisa de água. Você pode pensar nele como uma vitrine que destaca as outras três espécies.

Cenários da floresta

Cenários da floresta #1 ▶

Esse aquário tem uma área branca que salta em sua direção. Usei a versão branca das *Hypoestes*, popularmente conhecidas como confete. É a maior planta do círculo e abriga várias espécies por baixo, como um bosque. A pequena e delicada *Dryopteris erythrosora* fica funda, no centro. A begônia-morango (*Saxifraga stolonifera*) adiciona textura com o crescimento difuso sobre suas folhas, que pairam sobre o musgo e unem o branco e o verde. A selaginela aparece outra vez, mas em outra variedade: musgo-tapete (*Selaginella kraussiana*).

De um lado ao outro, dispus pedras de rio em um caminho curvilíneo, num esforço para recriar um leito de riacho seco. Isso me lembra dos dias de caminhada na trilha dos montes Apalaches e de como me sinto bem na floresta.

Cenários da floresta #2 ▶

Esse modelo recria a atmosfera de um bosque sedutor, daqueles que você encontra quando faz caminhadas. No centro, a *Selaginella erythropus*, com seu aspecto escuro e talos mais altos, lembra uma planta silvestre rodeada pela *Dryopteris erythrosora*, à esquerda. O delicado toque rosado do singônio (*Syngonium podophyllum*) combina com a coloração do meio do arranjo. O singônio fica alto, mas, em um recipiente com espécies dispostas de maneira bem próximas, o processo de crescimento demora mais. Pode as folhas superiores quando elas ultrapassarem a borda do vidro. A pequena muda de unha-de-gato (*Ficus pumila*), toda na cor verde, se desenvolverá um pouco mais para rodear o terrário – ou poderá ser desbastada.

Essas quatro plantas combinam-se suavemente e dão ao vaso um aspecto terroso. Juntei alguns seixos pretos, menores, para acentuar e dividir o musgo. Gosto do sentimento que esse modelo provoca. Ele cria uma emoção prazerosa, como se você estivesse respirando fundo.

Paisagens desérticas

Terrários secos são alguns dos modelos mais divertidos. Você pode mudar as cores da areia, criar cenários de suculentas macias ou plantar cactos

MOLHE ANTES DE PLANTAR

Lembre-se de molhar suas plantas *antes* de fixá-las: basta enfiar as raízes em uma tigela com água. Afinal, você não vai querer regar sua nova paisagem desértica. Enterre as suculentas ou cactos com as raízes intactas e molhadas, cobertas por terra. Assim, na hora de umedecer o terrário (muitas semanas depois), o solo reterá a água e as raízes ficarão hidratadas.

CAPÍTULO 1

impressionantes com espinhos. Minhas ideias surgiram de lugares onde estive. Meus pensamentos voltaram para Tucson, no Arizona, e seus cactos saguaro [*Carnegiea gigantea*], espécies altas e majestosas que parecem acenar umas para as outras sobre ramas secas raquíticas em terrenos de areia.

Às vezes você pode ver um lugar de tirar o fôlego enquanto folheia uma revista e motivar-se para recriar uma pequena parte dele. Seu jardim desértico pode reproduzir a área de Sonora, no México, ou o contorno da costa na região da Baixa Califórnia.

Duas meias-luas irmãs ▶

Esses vidros gêmeos abertos, em formato de meia-lua, ficam dispostos como um par e podem ser criados sem esforço. Você simplesmente coloca um pouco de areia na base, retira as plantas pequenas dos potinhos originais, com 5 centímetros, coloca-as no recipiente e cobre as raízes com mais areia, até ficarem completamente enterradas. Usei também algumas conchas, mas esse modelo não lembra em nada uma praia; está mais para deserto. Os seixos perolados captam a luz e brilham levemente.

As espécies da direita são plantas-jade (*Crassula*), com um único cacto sem espinho rodeado por pedras peroladas. À esquerda, há duas *Echeveria* e três pequenas mudas de aloé. A *Echeveria* cresce devagar e não precisa de manutenção, exceto uma borrifada de água de vez em quando. As duas pedras brancas maiores ficam um pouco enterradas, pois estariam assim na natureza.

Pedras brancas e suculentas verdes ▶

Essa coleção de suculentas em um grande vidro aberto fica ótima com pedras maiores distribuídas em primeiro plano. No centro há uma planta-jade, e a *Echeveria* está atrás de uma míni *Haworthia*, à direita. Você também pode criar um círculo externo de seixos na base do vaso e encher de terra no meio. Esconda o solo que aparece através do vidro para a paisagem desértica ficar mais autêntica. Gosto que meus designs reproduzam com fidelidade o ambiente natural que representam.

◀ *Opuntia* na areia

A pureza da cobertura de areia e as cores naturais suaves do cacto *Opuntia* rendem um visual incrível. Há uma grande camada de areia acima de cascalhos maiores – dividi os dois materiais com um pedaço de papel para evitar que a areia escorresse até o fundo do vidro. O cacto desponta na areia acompanhado de uma *Lithops* [ou planta-pedra] e uma pequena *Aloe*. Juntei pedras claras planas e lisas e também algumas conchas, para dar textura. Comprei a areia de um comerciante de cactos, portanto está limpa e adequada para esse plantio.

O maravilhoso *Opuntia* tem muitas variedades, e esse talvez pertença à espécie *Dillenii*. No *Opuntia microdasys*, ou orelha-de-coelho, os pontinhos de "penugem" nas folhas são, na verdade, espinhos. Eles grudam na pele e provocam coceira – não toque neles.

◀ Paisagem africana com *Lithops*

Esse é um de meus modelos preferidos de deserto com suculentas, com plantas-pedras sedutoras, escondidas entre pedras naturais, e uma *Echeveria rosette* perfeitamente pálida. Coloquei pedacinhos de ardósia marrom, da mesma cor que a *Lithops*, para imitar o terreno africano onde ela vive, camuflada entre as rochas e a areia. Nesse arranjo, usei uma areia de construção bem fina, com cascalhos minúsculos. O resultado é uma aparência genuinamente natural, com um leito de riacho seco no meio.

A libélula petrificada foi incluída para dar a ideia de que as coisas morrem no deserto sem água. Com esse cenário, sou transportada para as paisagens áridas do mundo e para o ciclo de vida da natureza. Você pode reproduzir esse design em seu terrário.

Terrários sazonais

Modelos sazonais podem incluir detalhes criativos que sugerem caça aos ovos na Páscoa, corações no Dia dos Namorados ou enfeites natalinos no final do ano.

Neste capítulo, mostrei muitas de minhas criações. Demorei anos até encontrar meu estilo. Sim, às vezes uso plantas parecidas, comuns nos mercados, ou aquários disponíveis em lojas de produtos para animais. Mas sempre faço experiências com vários itens decorativos e diferentes modos de plantio para criar algo novo. Combino e misturo para obter efeitos inéditos.

Geralmente fico surpresa diante do resultado e penso: "Ah, está adorável". Isso

A poinsétia menor (*Euphorbia pulcherrima*) está enterrada sob uma avalanche de areia branca, próxima a um aspargo-pluma (*Asparagus densiflorus*), e a araucária-de-norfolk (*Araucaria heterophylla*) faz as vezes de pinheiro de Natal. Essas três plantas duram alguns meses na areia; crie um pequeno ponto de drenagem no fundo – uma possibilidade é incorporar um cascalho colorido que valorize a paleta de sua cena natalina em tons de verde, branco e vermelho.

O TRUQUE DA NEVE

Para criar um cenário nevado, use um pequeno truque. Primeiro, delimite uma área com areia branca e deixe um espaço vazio no interior. Coloque as plantas ali dentro, fincadas em um pouco de terra para garantir a umidade das raízes. A terra deve ficar escondida – para isso faça uma proteção com tela preta ou meia de nylon cortada sob medida. Disponha sobre a terra, chegando quase até as laterais do vidro, e, com um funil, despeje a areia branca até cobrir completamente a parte escura.

vem de uma liberdade interior genuína: prometi fazer experiências com o que pode parecer estranho ou incomum e mudar tudo de lugar até que um conjunto agradável apareça e me deixe satisfeita.

Para criar terrários, é preciso ter uma perspectiva individual. Você encontrará seu estilo. Cada pessoa orbita em torno de seus materiais, paisagens, regiões ou estilos de paisagismo favoritos. Deixe que suas preferências o guiem em direção a um modelo de terrário que você ame – e inspire-se para criar algo novo!

COMO CRIAR UM CENÁRIO COM NEVE

Quando chega a temporada das festas natalinas, já separo os tubos de areia branca. Uso esse material básico para imitar a neve, combinada a pinhas marrons e frutinhas vermelhas artificiais na criação de globos de neve suspensos em esferas de vidro.

Há vários truques para montar esse tipo de terrário. Primeiro, decida se ele será temporário. Em caso positivo, você não precisa se preocupar com carvão vegetal ou drenagem, pois basta que o modelo se mantenha pelo período das festas, de quatro a seis semanas.

O passo seguinte é criar a "neve". Use um funil, pois a areia se espalha facilmente. Coloque-o diretamente sobre a terra, no lugar exato em que deseja que a areia caia, e preencha até completar a cobertura e não restar mais solo aparente. Dê leves batidinhas ou chacoalhe o vidro para deixar a areia lisa.

Se houver espaços, pense em cobri-los com mais areia ou pinhas, renas de plástico ou mesmo um enfeite de árvore de Natal. Usei em um dos meus projetos pequenos ornamentos de papelão e bonequinhos e o resultado foi surpreendente, ficou parecendo que existia um vilarejo de *trolls* dentro de meu terrário. Se os adereços forem muito grandes para o espaço disponível, você pode adaptar a sua ideia a ele, retirando alguns elementos ou reposicionando outros.

Pense em como o Grinch olhava de cima de sua montanha para o povoado de Cindy Lou em *Como o Grinch roubou o Natal*. Use essa visão para inspirar seu próprio terrário ao estilo do dr. Seuss.

Bons detalhes muitas vezes vêm dos ornamentos vendidos na temporada de festas.

GLOBOS DE NEVE SUSPENSOS

Eis algumas dicas de como criar globos de neve suspensos com plantas aéreas e enfeites.

1. A areia tem uma textura leve e se espalha com facilidade. Para introduzi-la, chegue bem perto da abertura do vidro, se possível com um funil de papel ou plástico. Muitas vezes uso até uma colher (sopa), se a abertura for grande o suficiente.
2. Antes de colocar os elementos decorativos, decida se ficarão à direita ou à esquerda. Com cuidado, distribua dentro do vidro algumas pedrinhas, pinhas em miniatura, hastes de plástico com frutinhas vermelhas ou ramos de pinheiro cobertos de neve artificial.
3. A planta aérea deve entrar por último. Primeiro, mergulhe-a em água e espere secar completamente antes de transportá-la para a nova casa.
4. Duas vezes por semana, a planta aérea precisa de água. Borrife vários jatos rápidos somente na planta. A areia umedece um pouco, mas logo seca. Se necessário, você pode, então, alisá-la.
5. Aproveite seu novo globo de neve durante a temporada de Natal pendurado na janela ou na árvore. Depois da virada do ano, você pode trocar os ornamentos por enfeites relativos a outras datas comemorativas.

◀ Esse globo festivo com planta aérea pode ficar no parapeito da janela da cozinha durante o mês de dezembro. Assim ele nos lembra de que é preciso reservar algum tempo para um pouco de alegria.

CAPÍTULO 2
O BÁSICO

Este é um livro inspirador e educativo sobre terrários, mas vamos melhorar nossa experiência com humor e, acima de tudo, diversão. Vamos descobrir quanto prazer vem da exaltação do mundo natural dentro de vidros. Tudo se intensifica – até mesmo a alegria.

Qualquer que seja o terrário imaginado – requintado, complexo ou excêntrico –, você criará cada modelo com detalhes predefinidos. Nas próximas páginas, será possível descobrir diversos itens que ajudarão a produzir o tema escolhido.

Comecemos com o básico para a criação de cada terrário. E o que é esse básico? Materiais, ingredientes, ferramentas e musgos especiais. Envolve ainda tamanhos e cores de cascalho, seixos ou areia. Tudo isso ajuda a criar um visual específico.

Você pode encontrar esses itens em fornecedores on-line de produtos para terrários ou em lojas de jardinagem. Verifique sempre a confiabilidade dos fornecedores. Sair em busca de ferramentas e materiais é um tipo de caça ao tesouro bastante divertido.

FERRAMENTAS

Adoro transformar itens que tenho em casa – como utensílios de cozinha – em ferramentas para construção de terrários, mas por que se limitar a eles? É possível formar um kit completo de peças exclusivas para isso. Assim, quando surgir a vontade de criar, você já terá tudo à mão.

Ferramentas básicas

Você pode comprar itens feitos especialmente para a construção de terrários. São como ferramentas para jardinagem, só que em tamanho menor, e incluem uma pazinha, uma enxada fina e um rastelo. Têm cabos longos que cabem nos vidros e são uma ótima opção de presente para um designer de terrário. Você pode encontrá-las on-line, feitas de aço inoxidável, metal ou plástico. Mas são absolutamente necessárias? Deixo que julgue isso sozinho.

Funil

Na criação de terrários, acredito na perfeição – e isso me ajuda a produzir modelos primorosos. Um funil é muito útil para lidar com terra, areia ou água de maneira precisa, sem bagunçar o que imaginei.

Onde é possível encontrar um funil? Os três itens que aparecem na foto foram comprados em lojas de produtos automotivos, incluindo meu superfunil vermelho que esvazia rápido. A maioria não custa muito. Escolha os que tiverem o bico mais longo possível.

Também faço meus próprios funis com papel sulfite e fita adesiva. Você pode usar qualquer tipo de papel firme que aguente os ingredientes básicos, mas o sulfite é macio e

ACIMA: Além de ter muito estilo, essas ferramentas com cabo de teca deixam você instantaneamente equipado para cuidar de seu terrário.

PÁGINA AO LADO: Ferramentas indispensáveis para construir meus terrários: funis de plástico de modelos diferentes; pá para despejar a terra; faca, garfo e colher simples; um pincel de cozinha; pelo menos uma pinça forte; um pincel macio. Organize seu kit para que a montagem não seja apenas prazerosa, mas também descomplicada.

Por que você precisa de um pincel? Muitas pessoas usam a ferramenta para retirar a terra das plantas depois que o modelo está pronto. Escolha um que tenha cerdas bem macias. Isso evita que as plantas sejam danificadas. Uma ideia é usar pincéis de maquiagem, porque devem ser suaves para a pele. Às vezes, podem ser úteis os tipos usados em culinária para pincelar manteiga ou ovo sobre a comida – procure em lojas de materiais para restaurantes.

flexível. Dá para adaptar a boca para aplicar terra ou seixos – o que é bem útil nos passos finais, quando se coloca a cobertura do terrário. Uso o funil para lidar com os três culpados mais comuns pela sujeira: terra, areia ou cascalho. Trabalhar com asseio faz com que cada detalhe mínimo de folhas ou caminhos de musgo possa ser visto através do vidro.

Pincel

Em terrários de plantas tropicais, evito usar pincéis porque eles podem quebrar as plantas de talos delicados – ou até deslocar o que acabei de plantar. Mas a maior parte das suculentas e dos cactos aguenta um pincel de cerdas macias. Antes de começar a limpar o interior do terrário, lembre-se de usar toques muito leves e delicados.

Eis uma sugestão alternativa para remover os detritos do modelo pronto. Se perceber que terra ou outro tipo de material caiu sobre as plantas, use um borrifador de plástico com ponta ajustável para direcionar um jato de água e lavar as folhas. Não borrife muitas vezes ou você estará apenas encharcando o problema. Coloque uma das mãos da melhor maneira possível dentro do terrário e segure a folha ou o talo sujo entre os dedos. Com a outra mão, dispare um único jato direto na sujeira. Isso limpa as folhas e ajuda a prevenir que mais água caia sobre a terra. (Ver p. 156 para saber mais sobre essa técnica.)

Prefiro não derramar terra sobre as folhas, mas, caso aconteça, isso é o que funciona para mim. Não existe certo ou errado: experimente diferentes estratégias e adote a que for mais confortável e eficiente para você.

Pinça

É uma ferramenta extraordinária. Lojas de artigos para restaurantes são ótimos lugares para procurá-las. Existem as feitas de madeira, bambu, metal, alumínio, aço inoxidável ou plástico. Mas por que usar pinças? Elas ajudam a retirar folhas mortas, mover as plantas e os musgos enquanto você monta o terrário ou alcançar espaços diminutos, onde os dedos não chegam.

Comprei minha pinça em uma excelente loja de materiais para terrário. Feita de metal, com pontas de borracha, é bem resistente. (Ela aparece na foto do meu kit de ferramentas, p. 33.)

Hashi

Um conjunto de utensílios convenientes deve incluir um par de hashis resistentes, que não se quebrem facilmente no manejo. Os pauzinhos de madeira dos restaurantes orientais até são adequados, mas você pode comprar modelos decorados mais robustos e bacanas. Você decide quanto seu kit de ferramentas pode ser elegante.

Use os hashis separadamente – ou seja, um de cada vez – para mexer e empurrar as pedras ou mover pedaços de musgo e colocá-los no lugar. Um pauzinho resistente é um item útil para constar de seu kit.

Balde e pá

Ter uma pá por perto torna o plantio mais fácil quando você está com as mãos sujas de terra e outros materiais. Comecei a comprar pequenas pás quando iniciei os workshops sobre a criação de terrários, pois via os alunos lutando para

Você pode comprar essas pequenas pás transparentes em lojas de produtos para cozinha ou jardinagem.

tirar a terra do saco gigante que eu levava da estufa. Então dei o próximo passo, adquirindo pazinhas baratas, como as que as crianças usam com baldinhos de areia. Coloco uma porção de terra ou cascalho no balde e deixo o saco ao lado. Assim, os alunos podem se servir e transportar facilmente o material para o vaso. Tudo fica limpo, incluindo as mãos e as plantas. Este é o pulo do gato durante o plantio do terrário – mantenha tudo em ordem.

MATERIAIS

Cascalho, seixos e pedras

Têm utilidades diferentes de acordo com o tipo de terrário: aberto, fechado ou com design incomum. São materiais básicos que podem ser usados para drenagem, no fundo do vaso, para substituir o substrato nos modelos com suculentas e cactos ou mesmo como elementos decorativos finais.

O cascalho é vendido em diferentes cores: preto, marrom, pérola e branco e até mesmo nos tons do arco-íris. Ao lado das plantas e dos musgos, acredito que ele seja um dos materiais mais importantes na criação de terrários. Representa elementos da natureza, acrescenta cor e forma camadas visuais interessantes.

É divertido comprar cascalho em lojas de produtos para animais ou aquários. Existem tantas cores disponíveis – até neon ou as que brilham no escuro sob luz negra (se você quiser entrar na onda psicodélica). O cascalho para aquários é pequeno e funciona bem como cobertura. Com ele já criei leitos de rios secos serpenteantes em paisagens desérticas ou o rio Amazonas em minhas selvas tropicais. Você pode aproveitar o método em cenas do deserto ou de jardins, para imitar os pátios entre os canteiros.

As diversas pedras de rio, normalmente maiores que o cascalho, também estão entre meus materiais preferidos. Podem ser pretas, brancas, marrons e bege, marcadas por rachaduras e riscos naturais.

Às vezes, encontro um saco gigante de cascalho miúdo bem em conta em lojas de produtos para jardinagem ou grandes varejistas de materiais de construção. (Dirigi com uma embalagem dessas no porta-malas por tanto tempo que, durante um inverno, joguei um pouco de cascalho sob os pneus do carro para poder sair de um estacionamento que estava com gelo no chão. Isso, sim, é um produto de mil utilidades!)

Adoro o cascalho miúdo porque tem o tamanho apropriado para ser usado no fundo do terrário, como material de drenagem. É barato e fácil de encontrar.

Preste atenção no tamanho das pedras que usar, pois se forem maiores do que cascalho ou seixos podem se deslocar e quebrar o vaso. As grandes

Vasilhas cheias de cascalhos e pedriscos chegam a ser apetitosas.

PENSE NO MEIO AMBIENTE

Lavo o cascalho miúdo, porque ele em geral vem com uma grande quantidade de areia. Uso um coador de plástico ou, às vezes, um escorredor de metal. Mas não faça isso na pia da cozinha ou do banheiro, para não despejar areia no encanamento. Trabalhe sobre uma lata de lixo ou outro recipiente para recolher o material indesejado e então o descartar de maneira responsável.

devem ser utilizadas apenas como elementos de design, como um toque final, ou em recipientes com laterais mais grossas. Vidros de boticário e copos do estilo hurricane podem se quebrar se pedras maiores acomodadas no fundo se mexerem sob a terra.

Areia

Como outros materiais, pode ser usada no fundo e sobre o solo do terrário, ou também para enterrar a raiz de uma suculenta em uma paisagem desértica. Muitas lojas de aquários vendem areia colorida, dos tons vívidos aos mais naturais.

Alguns vidros com base têm um "poço" no fundo, e a areia pode preencher o espaço e ficar à mostra. Corto uma divisória de papel e coloco sobre essa camada para isolar a terra ou o cascalho que vai por cima. Outra ideia: você pode criar camadas à moda antiga, fazendo faixas de areia de várias cores. Esse tipo de design foi popular há alguns anos e, hoje, foi alçado a um modelo de sofisticação moderna.

Vidro

Cacos de vidro, cristais e bolas de gude também são usados em terrários. Combine esses itens com penas, flores secas ou outros elementos naturais para criar cenários geológicos.

Carvão ativado

O carvão é uma daquelas substâncias que nos espanta graças a seus poderes. Um pedaço sólido infundido de oxigênio – chamado de carvão ativado – fica mais poroso e pode absorver uma grande gama de odores, mofo e elementos tóxicos. Por esse motivo, ele purifica a área ou o material em que é colocado, como terra ou filtros de água.

ACIMA: Esse conjunto de materiais mostra dois tipos de areia colorida. Procure por outros tons existentes.

NO ALTO: Eis uma exceção para o uso de cascalho miúdo. No fundo desse recipiente grosso com capacidade para 3,7 litros, coloquei pedras pretas maiores e firmes. Você as verá utilizadas em um vaso semelhante no moderno jardim flutuante da p. 147.

Materiais prontos para serem usados como se fossem os ingredientes de uma receita culinária.

O carvão ativado é usado em filtros de aquário pela mesma razão que o colocamos em terrários. Espalhe fragmentos ou bolinhas dele sobre o material de drenagem e debaixo da terra. Ele age como purificador contra mofo e fungos.

A IMPORTÂNCIA DA COBERTURA

Quando itens como cascalho, areia ou vidro são usados como cobertura para esconder a terra de um modelo aberto, eles evitam que a umidade escape. Assim como o material orgânico em um jardim, a cobertura também dá um acabamento final ao cenário. Deixa tudo mais limpo e ajuda o terrário a ficar parecido com uma versão em miniatura da natureza.

Cada vez mais lojas vão vender coberturas porque nós, os clientes, estamos fazendo com que surja a demanda. Encontrei diversos tamanhos de recipientes repletos de seixos decorativos, caquinhos de vidro, areia, casca de pínus ou bolinhas de gude lisas e coloridas. De novo: fique de olho em sites e em lojas de plantas, mas não limite sua busca a esses locais. É possível encontrar cascalho e pedras decorativas em lojas de aquários.

CARVÃO ATIVADO

Eis outras maneiras de aproveitar a capacidade de absorção do carvão ativado:

- Coloque dentro da geladeira, em uma vasilha, para absorver odores.
- Feche sapatos em um saco plástico com carvão ativado por alguns dias para eliminar o mau cheiro.
- Distribua sachês de carvão ativado nos armários para remover odores.
- Deixe uma tigela com carvão ativado no porão para absorver a umidade e acabar com o cheiro de bolor.

Substrato

O substrato disponível nas lojas pode ser usado em terrários. Alguns produtores misturam perlita (uma substância vulcânica natural, branca e leve) ou vermiculita (mineral bege granulado) ao material para favorecer a drenagem. Se a terra não tiver esses aditivos, será transformada em uma massa sólida de turfa úmida sem circulação de ar para as raízes das plantas – que sufocarão, ficarão escuras e morrerão com o tempo. Lembre-se de que a água encontrará uma maneira de escorrer entre a terra até o fundo. Usar substrato previne a formação de uma massa úmida na área de plantio.

Eis algumas informações especiais sobre o substrato:

- A violeta-africana prospera em uma terra mais ácida, mas a maior parte das plantas não precisa desse cuidado especial.
- A não ser que você queira apenas cactos ou suculentas no vaso, evite comprar substrato especial para cactos, que contém areia para que a água escorra mais facilmente pelo material. Com ele, todo o líquido se concentra no ponto de drenagem, e o solo fica mais seco do que o necessário para a maioria das plantas tropicais.
- Tendo a ser conservadora em meus modelos e prefiro a terra completamente preta. Não gosto que pequenos pontos brancos de perlita apareçam através do vidro. Quando acho que estão prejudicando o design, retiro os pedaços maiores que possam ser vistos na superfície ou nas laterais do modelo.

Casca de pínus

Por diversos motivos, esse é um ingrediente muito importante para a construção de um terrário. Em tons naturais de marrom e formatos variados, a casca de pínus muda o aspecto de um jardim. Também pode ser usada para criar o ponto de drenagem – e, ao mesmo tempo, funcionar como um elemento decorativo no fundo do vaso. É possível formar camadas múltiplas alternando casca de pínus e seixos de rio. Por fim, são excelentes para revestir a área em torno das plantas, como cobertura ou para dar um toque final ao modelo.

Muitas lojas comercializam o produto, mas você também pode dar uma olhada em sites para descobrir opções mais selecionadas. Alguns atacadistas vendem sacos de casca de pínus em pedaços bem pequenos e limpos, ótimos para terrários.

Musgo

Agora vamos falar do ingrediente mais valioso de nosso arsenal: os musgos. Hoje em dia, até mesmo organizadores de eventos usam musgos na decoração de festas ou nos enfeites de mesa. O musgo é incrivelmente popular como cobertura ou como camada divisora sobre os componentes de drenagem e um integrante crucial da maioria dos terrários.

Sem dúvida, pode afetar o estilo ou o efeito geral do jardim que você está criando. Existem muitas variedades, então é possível experimentar cada tipo até encontrar seus preferidos.

Os musgos secos e preservados não estão vivos; foram tratados para conservar sua aparência. Diversos desses musgos podem ser usados: *Hypnum*, *Cladonia rangiferina*, barba-de-velho, *Ptilium*, *Dicranum* e *esfagno*.

Hypnum

Seu nome científico é *Hypnum curvifolium* ou *H. imponens*. Quando você vira o musgo, encontra uma área entrelaçada marrom, como se fosse a trama de um tapete (há quem pense que é um sistema de raízes, mas musgos não têm raízes). Ao caminhar pelas matas das montanhas Catskill, em Nova York, encontrei trilhas pontilhadas por *Hypnum* crescendo harmoniosamente nas pedras gigantescas que estão ali desde a era Glacial.

Eis algumas variedades de musgo (a partir do topo, em sentido horário): barba-de-velho, *Cladonia rangiferina*, *Hypnum* e *Cladonia* verde-amarelada. Repare nas diferentes texturas e cores.

Por ser plano, esse tipo de musgo é muito versátil. Você pode estendê-lo sobre o ponto de drenagem, entre o solo e o carvão ativado. Dá para criar "colinas" desiguais de terra e cobrir com *Hypnum* para criar uma paisagem verdejante. Borrifo o musgo seco com um pouco de água para reavivar a cor antes de colocá-lo no terrário.

O *Hypnum* muitas vezes é enrolado em torno de esferas de isopor ou de metal para formar bolas decorativas. Vi muitas instalações artísticas com camas, carros e topiarias enormes cobertas de musgo. Quase tudo, portanto, pode ser envolvido pela planta.

O *Hypnum* fresco pode ser comprado com os produtores de musgo, resiste bem em terrários e normalmente não cria fungos em recipientes de vidro bem ventilados. Também é uma boa cobertura para o solo – por ser plano, pode ser cortado em partes no tamanho necessário para seu modelo. É possível separar o musgo fresco, mas não rompa os pedacinhos "desfiados"; a trama inferior deve permanecer intacta, pois mantém a planta íntegra e absorve umidade e nutrientes.

Cladonia rangiferina

Não é um musgo verdadeiro, mas um líquen. Essa massa verde inflada e macia parece um pedaço de coral. O *Cladonia* mantém a forma em um terrário, e por isso tanto pode ocupar mais espaço quanto ser espremido nos lugares. Terrários fechados ou com tampa podem se tornar muito úmidos e, quando a umidade sobe, o *Cladonia* corre o risco de pegar mofo. Se isso acontecer, retire e substitua por outra porção.

Pode ser encontrado em diferentes cores: tingido de rosa, vermelho, verde-amarelado, coral, azul, roxo, cinza-escuro e branco. Essas tonalidades variadas podem deixar os terrários com uma aparência fantástica. Talvez você possa usar um pouco de *Cladonia* azul-escuro em diversos globos de vidro se a cor combinar com sua mobília. Deixe a criatividade fluir.

DICAS DE ESPECIALISTA

Heidi Masucci é gerente de operações da loja Moss Acres em Honesdale, Pensilvânia, EUA (www.mossacres.com).

Vocês são fornecedores de materiais para paisagismo. Como entraram no mercado de terrários?

Percebemos que muitas pessoas começaram a pedir quantidades menores de musgo para usá-lo em terrários, jardins em miniatura ou mesmo em criadouros de anfíbios. Então criamos kits ou pacotes menores de produtos que fossem compatíveis com as samambaias dos terrários, como a linha que traz musgos em estado latente. Isso ajuda a mantê-los saudáveis durante o transporte. A umidade pode provocar fungos e matar as plantas com o tempo.

Você sugere alguma manutenção, técnica ou prática especial para o uso de musgos em terrários?

A melhor maneira de preservar os musgos é usar água da chuva ou destilada e não os expor ao sol direto. Nunca deixe que a água se condense nas paredes do terrário. Se isso acontecer, deixe aberto até a água evaporar e feche o vidro novamente. Isso deve ser feito quantas vezes forem necessárias até as laterais do recipiente estarem secas.

Dentro desse terrário de *Dicranum* está a base para um Jurassic Park em miniatura.

Barba-de-velho

É uma epífita – ou seja, uma planta que usa outra como apoio. Epífitas como musgos, hepáticas, liquens e algas são encontradas nas zonas temperadas. Nos trópicos, incluem orquídeas, bromélias e plantas aéreas.

A barba-de-velho (*Tillandsia usneoides*) parece um cabelo grisalho que cai dos galhos de gigantescos carvalhos no sudeste dos Estados Unidos. Adoro os filmes que mostram árvores antigas ladeando um longo caminho de terra que leva a uma enorme casa de fazenda. O clima pode ser assustador ou encantador, mas o cenário é sempre extraordinário.

Em sua forma natural ou tingida de várias cores, a barba-de-velho é fácil de ser acomodada em um cantinho ou em torno de uma planta. Você também pode deixá-la deslizar pelo gargalo estreito de uma garrafa de vidro ou amarrá-la em pedaços de troncos de madeira, ramos secos de videira ou galhos. Pode ficar no fundo de um recipiente ou suspensa em um globo de vidro.

Um aviso: em terrários fechados muito úmidos, a barba-de-velho tende a apodrecer com fungos. Use como um detalhe ou a substitua com frequência, caso fique mofada.

Ptilium

Por ser leve e não se fixar em uma estrutura sólida, esse tipo de musgo do gênero *Ptilium* é usado com menos frequência. Mas sua aparência de penas soltas pode ser aproveitada na criação de um efeito arejado, distante do solo. Use um pauzinho para segurá-lo no terrário.

Dicranum

Deixei o melhor para o final. Fiquei alucinada com esse musgo, e parece que não consigo aprender o suficiente sobre ele. *Dicranum* é o gênero; há vários nomes populares para essa planta que se tornou conhecida quando a febre de produção de terrários teve início.

Aqui, trato da versão seca do musgo e de como deve ser manuseada. O *Dicranum* se desenvolve em montinhos. Parece sólido, mas se desfaz facilmente. Sugiro que não o divida em pedaços pequenos, mas trabalhe com peças de 5-7,5 centímetros. Porções menores viram fragmentos que não mantêm a forma. Mas não deixe de usar: encontre o espaço adequado ou crie um lugar especial em seu modelo para receber um montinho de *Dicranum*.

Esfagno

Muito usado no cultivo de orquídeas e dioneias (ou outras plantas carnívoras). Musgo fresco que cresce em pântanos de turfa, o esfagno é o lugar preferido das plantas carnívoras. Quando seco, em decomposição, é chamado de "turfa de esfagno", aditivo para o solo que enriquece terrenos desérticos ou arenosos.

Eu não uso o esfagno em terrários porque ele é muito solto e fibroso, além de absorver e reter muita umidade.

ELEMENTOS ARTÍSTICOS

O que são elementos artísticos? E por que você deve usá-los na decoração de seu terrário? Podem ser quase qualquer coisa, mas definitivamente são itens que complementam seu modelo. Existem duas categorias: objetos de jardim e objetos da natureza.

Eis um exemplo de objeto de jardim: uma pequena cadeira de resina marrom disposta sobre um pouco de *Selaginella*. Ela parece feita de galhos, mas é, na verdade, de plástico.

Os objetos de jardim podem ser itens de plástico firme, como pequenos animais, ou entalhados na madeira, a exemplo de um banco ou cadeira. Os objetos da natureza são simplesmente isto: algo que você encontra ao ar livre, em ambientes naturais. Claro que também podem ser comprados, como cristais e pedras.

Os elementos artísticos levam você para o mundo das miniaturas. Imagine usar pedras chatas para criar caminhos dentro do terrário: basta dispor com algum espaço entre elas. Isso o conduz a um universo secreto para ser observado em momentos de reflexão.

Objetos de jardim

São os que você pode ver em um jardim ao ar livre, como:

- Fontes, bebedouros de pássaros, estátuas
- Caramanchões, pérgulas, portões, cercas
- Caminhos, paredes ou bancos de pedra
- Bancos de madeira ou treliças

Itens ornamentais e divertidos incluem:

- Réplicas de plástico de cervo, coelho, sapo e dinossauro
- Estátuas, ruínas romanas, pontes

Talvez você encontre um sapo silvestre de borracha em uma loja de brinquedos ou queira criar um paraíso florestal de samambaias com pinheiros. (Se quiser, a araucária-de-norfolk se sai muito bem na

ACIMA: A designer Fabiane Mandarino, do Rio de Janeiro, especializou-se na arte de criar terrários com paisagens dos safáris africanos. Nesse, uma girafa passeia entre as árvores.

NO ALTO: Eis alguns exemplos de brinquedos que podem ser incorporados a um terrário. Um cenário com dinossauros que devoram florestas de musgos é uma ótima ideia.

missão.) Que tal montar um sítio arqueológico de escavação com itens garimpados on-line?

Pesquisando, é possível encontrar elementos incríveis, como estátuas em miniatura, de plástico ou louça, pequenas fontes e muitos outros objetos. Sites podem ajudar muito nessa busca. Alguém como eu, que estuda antropologia e ama ruínas, adoraria criar um terrário com algum tema histórico. Pesquise um assunto de seu interesse, e as ideias começarão a surgir.

Objetos para jardins em miniatura
Outro tipo de artesanato ganha popularidade rapidamente: jardins em miniatura. Há lojas e sites que vendem muita mobília, acessórios e animais. A seção "Fornecedores" (p. 165) levará você em direção a bancos, casas e comedouros de pássaros, treliças – a lista é infinita.

Encontrei vendedores ótimos e um adorável banco de madeira em uma feira de flores anual (organizada pela Pennsylvania Horticultural Society). Descubra eventos semelhantes em sua região. Pode ser que você encontre algo interessante em feiras locais ou bazares de rua na sua vizinhança.

Também é possível verificar o que está em promoção nas lojas de objetos em miniatura – e não descarte os vendedores de trenzinhos elétricos e casas de bonecas. Eles têm prédios minúsculos, bancos, personagens ou pedras artificiais que podem ser usados em terrários.

É por esse ângulo que um inseto veria a casa de pássaros feita de cobre disposta ao lado de um maravilhoso "bosque" de nertera (*Nertera granadensis*), repleta de frutos cor de laranja.

VÁ COM CALMA

Por favor, seja responsável e cauteloso ao coletar plantas soltas, nozes ou bagas caídas no chão ou conchas de alguma praia – isso vale para qualquer lugar de nosso precioso planeta. Retire apenas a quantidade mínima de itens que vai usar e não desperdice. A Terra agradece!

Alguns tesouros que você pode encontrar em aventuras exploratórias.

Objetos da natureza

Elementos naturais: cristais, pinhas, penas, conchas, nozes, bagas, flores secas, juncos, galhos, ramos de videiras, ninhos caídos e outros itens.

Por fazer trilhas e ser uma naturalista amadora, trago para casa diversos objetos pequenos. Minha exploração científica já me levou para vários lugares do estado de Nova York e além dele. Muitas vezes recolho material – como pequenos troncos, que também ficam bons em vasos, com outros gravetos – para minhas naturezas-mortas dentro de redomas e para os arranjos decorativos da casa.

LIMPE O QUE COLETAR

Lembre-se de que tudo que você coleta da natureza, principalmente os musgos, podem levar insetos, fungos ou material em decomposição para dentro de sua casa. Limpe objetos como conchas, pedras ou pinhas para garantir que fiquem livres de detritos, doenças ou pragas. Itens duros, como conchas, rochas ou pedras, são fáceis de lavar com água e sabão antes de serem utilizados nos terrários. Não é tão simples limpar um pedaço de musgo, mas é possível usar um palito para expulsar as minhocas ou insetos que estejam morando ali. Uma vez encontrei uma pequena larva sobre o musgo de um terrário fechado, então a tirei e a devolvi à natureza.

Você pode fazer o mesmo quando caminhar em um parque ou área de preservação. Leve sua imaginação como companhia.

Um aviso: lojas de aves vendem ninhos e ovos artificiais. Não aconselho que você aproveite um ninho de passarinho abandonado por várias razões: as aves voltarão para ele na próxima temporada e, além disso, o objeto conterá terra barrenta, insetos e outros detritos em decomposição que não farão bem para o ambiente impecável de seu terrário. Use ninhos manufaturados ou, talvez, criados por algum artista de sua cidade – assim, você também apoia o artesanato local.

Outros materiais naturais também precisam de cuidados especiais. Por exemplo: pode ser bom borrifar juncos ou flores secas com spray de cabelo ou goma-laca, pois eles tendem a se desfazer insistentemente. Confira minha Redoma do explorador (p. 102) para obter mais informações.

Juncos do Pelham Bay Park, no Bronx, em Nova York. No outono nova-iorquino, os caniços em áreas pantanosas balançam com tufos peludos que parecem trigo.

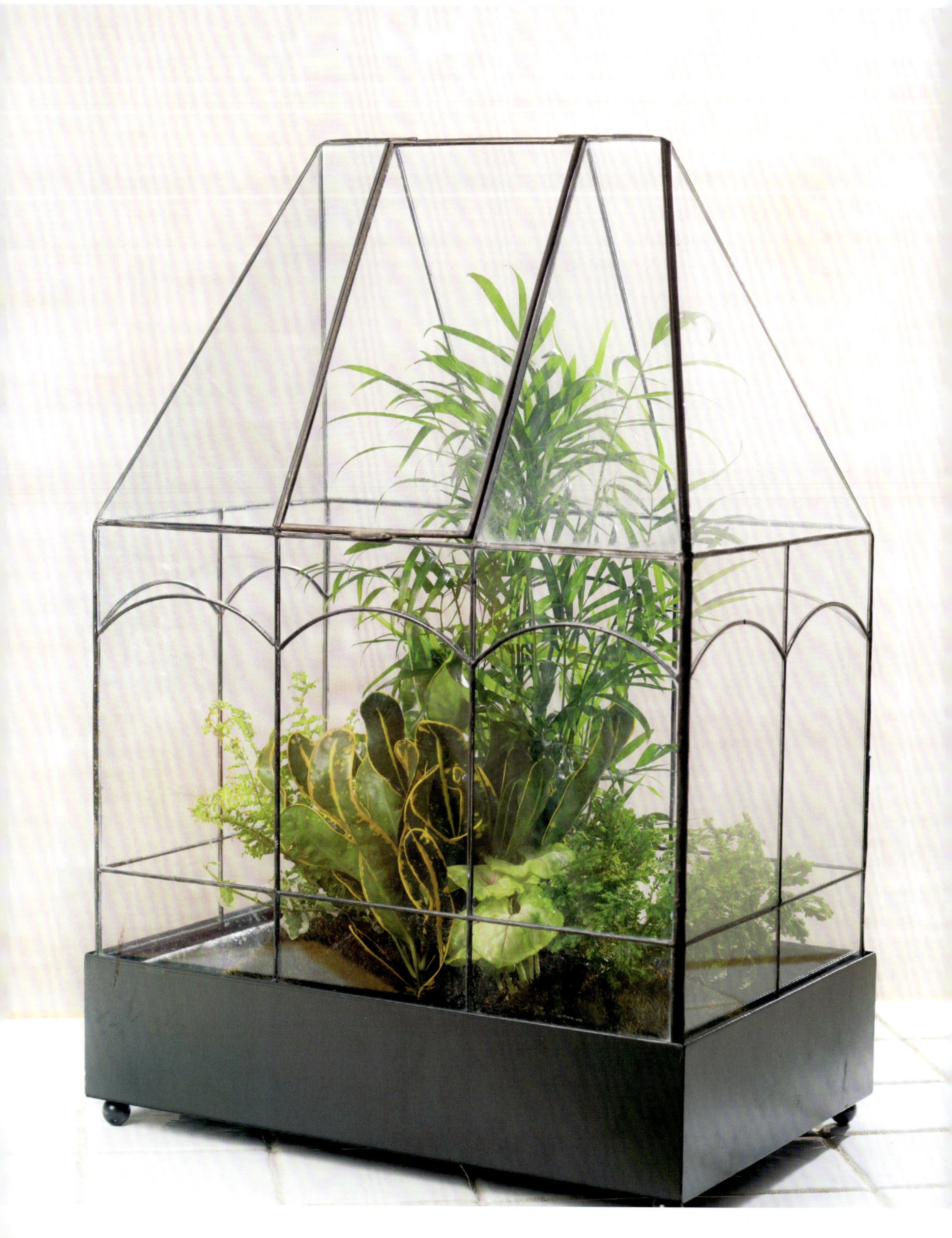

CAPÍTULO 3
RECIPIENTES DE VIDRO

Existem muitos estilos de recipientes de vidro, alguns com tampa e outros sem. Neste capítulo, falo de várias possibilidades que podem ser usadas na criação de terrários, para que você possa começar sua coleção. Mesmo um modesto aquário pode se tornar uma obra de arte com as plantas e o design que escolher.

Recipientes de vidro incluem (sem se limitar a isso):

- Aquários, vidros com base e cilindros
- Potes com tampa e vidros de boticário
- Caixas wardianas
- Vasos de cerâmica, globos e gotas de vidro suspensos
- Redomas e lanternas
- Pratos para bolo, compoteiras e fruteiras com base

Aqui, você aprenderá a selecionar os recipientes e saberá como eles afetam suas escolhas de plantas. Ofereço minhas observações a respeito do nível de umidade que surge dentro dos vidros de diferentes formatos e dou dicas simples e úteis para que você possa alterar esse efeito. Você saberá quais deles são bons para cenários desérticos e quais ficam melhores com as paisagens úmidas das florestas tropicais.

Exemplos de vidros redondos e abertos.

AQUÁRIOS, VIDROS COM BASE E CILINDROS

São fáceis de usar e de encontrar no mercado. Há diversos formatos e estilos, cada um com características que devem ser levadas em conta na hora de montar o terrário. Para um exemplo do uso de cilindro, veja o Cilindro com seixos (p. 99).

Aquários

Gosto de trabalhar com aquários, recipientes que têm um formato simples de lidar – isso fica evidente nos diversos exemplos do capítulo 1. Em geral também são baratos e podem ser encontrados facilmente, sem que isso resulte em terrários desinteressantes ou sem apelo visual.

É fácil enfiar as mãos pela abertura do aquário para trabalhar com os materiais dentro do vidro. Se algo estiver fora do lugar, basta retirar e transferir a planta ou o elemento. Suas ferramentas – às vezes tão simples quanto colheres e garfos – podem ser movimentadas rapidamente para mexer a terra ou o cascalho. E sempre tenha um hashi à mão para colocar musgos e pedras na posição certa.

Aquários combinam com a mobília de casa: em mesas de centro, estantes ou balcões de cozinha. Ou leve-os para o escritório e transforme seu local de trabalho em um mundo verde e vivo. Médicos podem exibi-los na recepção ou na sala de espera. Arranjos com suculentas ou plantas aéreas dentro de aquários grandes ou pequenos também estão se tornando presentes na decoração de, casamentos e eventos. Você não amaria ver um terrário deslumbrante quando fosse a um restaurante? O espaço de uma loja pequena sempre pode acomodar um modelo. Ou seja: aquários deveriam incrementar a decoração de qualquer espaço disponível.

E por que eles se adaptam a tantos lugares? Porque podem ser vistos quase em 360 graus, de cima, dos lados ou quando forem girados. Ao pensar no design, portanto, decida primeiro onde ele será colocado e então crie um modelo específico para o lugar. Se preferir criar algo de maneira mais livre, decida, depois de pronto, onde ficará melhor. Existem muitas possibilidades para acomodar recipientes baixos e redondos.

Você encontra aquários de vários tamanhos, dos minúsculos aos gigantescos – muito grandes ou muito pequenos precisam de considerações especiais. Fiquei assustada quando vi um de vidro de 45 centímetros de diâmetro: como seria capaz de acomodar a terra e as plantas sem pesar uma tonelada? Com essa dimensão, o segredo é fazer canteiros baixos, no fundo, com uma pequena quantidade de solo – cerca de 2,5-5 centímetros de profundidade. Escolha plantas que não se desenvolvam muito e que possam ser vistas do alto ou que cresçam bastante e se destaquem na paisagem. É possível que ultrapassem a borda. Pode ser preciso podá-las para evitar que subam muito, mas isso também é tranquilo. Elas gostam de uma tesourada de vez em quando.

Aquários minúsculos geralmente podem ser vistos cheios de areia, conchas e com uma pequena planta aérea (*Tillandsia*). Se não conseguir colocar a mão lá dentro, talvez seja necessário escolher algo que possa simplesmente ser colocado e esquecido

PLANTAS AÉREAS EM CILINDROS

Não sugiro usar plantas aéreas (*Tillandsia*) no fundo de cilindros altos, a não ser que você as seque completamente depois de molhar. Dê uma boa chacoalhada quando as tirar da água e espere secar naturalmente sobre uma bancada – gosto de colocá-las sobre um pedaço de papel-toalha antes de levar ao vidro. Se a planta tiver tempo suficiente para absorver a água e o líquido puder evaporar, ela pode ir tranquilamente para um cilindro ou recipiente alto.

no vaso. Tente usar musgo no lugar da areia, uma planta pequena e alguns seixos no fundo. De qualquer maneira, simplifique o estilo e deixe-o onde haja uma fonte de luz.

Aquários fechados

Descobri que esse tipo de vidro tem um inconveniente: a condensação. Não digo que ele deva ser ignorado, afinal, trata-se de um modelo clássico, mas você precisa saber que dá um pouco mais de trabalho. Embora eu não seja cientista, imagino que o ciclo da evaporação crie um bolsão de ar quente na tampa e aumente a quantidade de gotas de água que se formam nas paredes do aquário. Se deixar aberto por muito tempo, pode ser que o terrário fique muito seco e que as plantas murchem sem chance de recuperação. A essa altura, pode ser preciso apenas regar. O ciclo vai se repetindo: muito úmido, muito seco, com tampa, sem tampa, e assim por diante.

Quando você coloca as plantas pela primeira vez em um aquário fechado, elas estão molhadas, e o musgo, úmido – inicialmente, portanto, a condensação aumenta. É muito importante limpar as paredes internas do vidro com papel-toalha seco pelo menos uma vez por semana. Nos primeiros dias, deixe uma frestinha aberta na tampa para que a umidade escape. Pode ser que você precise ficar de olho por um tempo até que o terrário encontre o equilíbrio de umidade. Mas isso faz parte de aprender a ser um expert, certo?

Vidros com base

A diferença entre um vidro com base e um aquário é a altura. Quando uso esse tipo de recipiente, tendo a escolher plantas que caiam pelas bordas. É um modelo que permite um pouco mais de naturalidade e o uso de espécies de folhas leves e pendentes que tenham movimento para cima e para fora, como no Cenário praiano (p. 104). Elas podem envolver a orla do recipiente e escorrer pela lateral. O aspecto fica um pouco mais formal com plantas como a dracena-de-madagascar (*Dracaena marginata*), que tem folha mais firme e parece saltar do centro para a ponta, deixando o vaso com uma aparência notável quando visto de cima.

Vidros com base têm a vantagem de elevar o terrário, então você consegue ver perfeitamente o que está no fundo. Leve isso em conta ao escolher o material de drenagem. Você prefere algo colorido, como areia, que combine com os tons das folhas, ou quer uma aparência mais rústica e florestal, usando casca de pínus? Muitos designers usam *Hypnum*, mas prefiro um pouco de textura e deixo o musgo para dar um toque final na cobertura. Você escolhe – e, depois de criar muitas versões, conhecerá suas preferências. Tenho certeza de que, quando você for atingido pela febre dos terrários, nunca mais deixará de produzir modelos de todas as variedades.

POTES COM TAMPA E VIDROS DE BOTICÁRIO

Alguns de meus terrários favoritos e mais bem-sucedidos foram montados em potes com tampa. Nesse tipo de recipiente, as plantas não precisam ser regadas, limpas ou podadas durante meses. Escolha as espécies adequadas, e seu modelo não precisará de manutenção. As tampas dos vidros de boticário modernos muitas vezes são um pouco frouxas – isso permite que o ar entre e saia do vidro e mantém o nível de umidade saudável. E esses vidros têm aspecto vintage, como se tivessem vindo do passado, e dão um ar sofisticado ao modelo.

Já coloquei orquídeas maiores – como *Phalaenopsis*, a orquídea-borboleta, ou *Paphiopedilum*, a orquídea-sapatinho – em vidros de boticário altos, para exposições. Como eu não esperava que elas vivessem lá para sempre, não cheguei a plantar, apenas transferi as flores para dentro do recipiente em seus vasos originais. Então usei barba-de-velho solta para escondê-los e deixar o arranjo elegante. Se tivesse espaço, talvez eu acrescentasse uma pequena samambaia ou clorófito para dar mais destaque. A orquídea se manterá por mais tempo em um ambiente úmido. Fique de olho na condensação; talvez seja preciso limpar o vidro de vez em quando.

TRUQUE VITORIANO

Eu tinha uma pequena palmeira-bambu (*Neanthe bela*) em um vidro de boticário fechado com 40 centímetros de altura. Na época vitoriana, essa planta era chamada de "palmeira de sala de estar" porque o ambiente era pouco iluminado pelo sol – talvez em função das pesadas cortinas de veludo –, mas mesmo assim a espécie sobrevivia; ela tolera pouca luz e certo descuido. Acrescentei uma "ruína antiga" comprada em uma loja para aquários e algumas pedras rachadas que pareciam o concreto quebrado de Pompeia. O terrário manteve-se perfeito por meses. Essas palmeiras elegantes não reclamam.

ACIMA: Um belo musgo *Dicranum* está dentro de um vidro grande, com capacidade para 3,7 litros. O tamanho do recipiente permite que a planta viva por meses sem precisar de manutenção.

NO ALTO: Três ótimos tamanhos de vidros com tampa para terrários: 1,8 litro, 3,7 litros e 0,9 litro.

À DIREITA: O musgo *Dricanum* tratado envolve o espaço abaixo da unha-de-gato (*Ficus pumila*) variegada e da *Peperomia* de folhas lisas.

Potes com tampa

Recipientes usados para armazenar biscoitos, açúcar ou café são minhas paixões recentes. Em uma loja de produtos de artesanato, encontrei vidros redondos com tampa que vinham com folhetos em três idiomas ensinando a fazer terrários.

O menor vidro que tenho é compacto, para ser usado em jardins sofisticados, com apenas três ou quatro plantas tropicais de 5 centímetros. As tampas têm um leve movimento e, assim, permitem que escape apenas o necessário de ar quente, mantendo a parte interna confortavelmente aquecida e úmida. Imagino que deva ser parecido com Baton Rouge, na Luisiana, em um dia quente de verão.

CAIXAS WARDIANAS

A bela caixa wardiana à direita não custou caro, porque tinha uma vidraça quebrada. Gastei mais para mandar consertá-la. E, ainda assim, acho que foi vantajoso, pois hoje tenho um objeto bonito que poderia ter sido descartado. O preço das caixas wardianas varia dependendo da autenticidade e da complexidade das vidraças.

Procure peças com telhados que possam ser abertos. Durante o período de adaptação das espécies, depois do plantio, essa é uma maneira de liberar a condensação excessiva. Alguns modelos têm um fecho de metal para abrir a caixa quando necessário. Não deixe essa janela aberta por muitos dias, ou as plantas correm o risco de ressecar.

Quando trabalho com esse tipo de estrutura, uso plantas maiores. As tropicais, que vêm em vasos de

VIDROS DE CONSERVA

Não use vidros de conserva com fecho hermético – o que pode parecer óbvio para você não era para mim. No início, pensei que esse tipo de recipiente conservaria toda a umidade de um jeito favorável e que nunca precisaria fazer nada para cuidar desse tipo de terrário. Bem, vidros com fecho hermético conservam os alimentos porque o vácuo não permite que o ar circule. Todas as minhas plantas apodreceram, ganharam fungos e foram para o lixo. Hoje, mantenho farinha, açúcar e macarrão dentro dos vidros na minha cozinha, onde é o verdadeiro lugar deles.

Esse recipiente de vidro com diversos painéis aceita uma infinidade de designs.

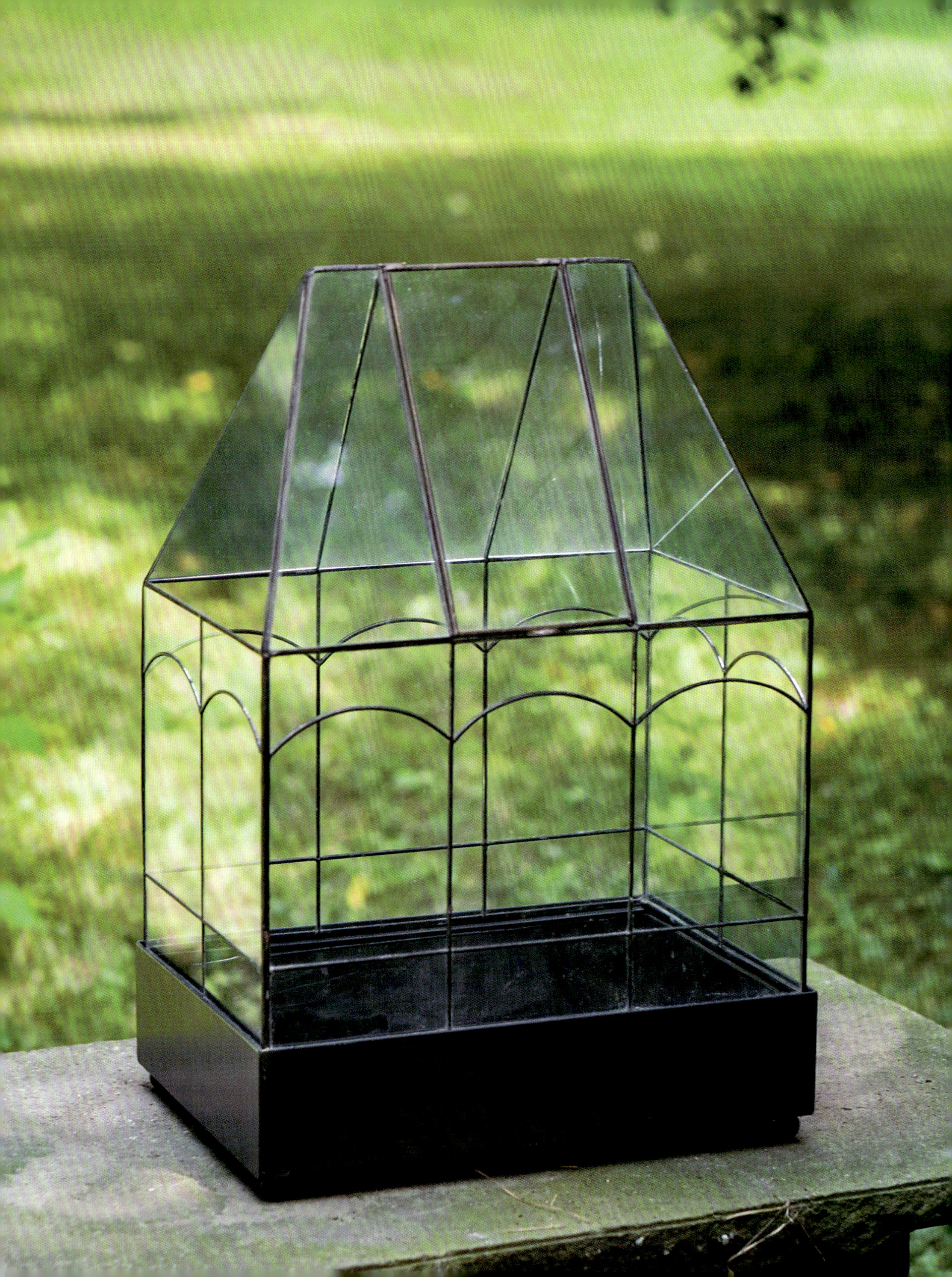

7,5 centímetros, funcionam bem. Sei que, com o tempo, elas crescem e ficam maiores do que a caixa, mas prefiro que pareçam espetaculares, e não mirradas. Descobri que, em geral, o crescimento é mais lento quando as espécies vivem em um espaço confinado. (Uma exceção é a *Soleirolia*, lágrimas-de-bebê, que – para mim – viceja intensamente no ar úmido da caixa.) Um ambiente com pouca luz também retarda um pouco o desenvolvimento.

Uso plantas que reproduzem os jardins de inverno vitorianos, que, por sua vez, imitavam as grandes estufas do período. Pode ser que você queira uma espécie alta, que chegue até o teto. Pense em uma palmeira-bambu (*Neanthe bella*), um pequeno fícus (*Ficus benjamina*) com ramos pendentes ou talvez uma pequena araucária-de--norfolk (*Araucaria heterophylla*) – todos funcionam bem como fundos imponentes. As samambaias também eram muito populares durante o reinado da rainha Vitória.

Na parte da frente de um grande cenário de estufa, eu usaria uma planta colorida. Para o passo a passo da Caixa wardiana (p. 84), escolhi as folhas estreitas, grossas e brilhantes do cróton (*Codiaeum variegatum*). Crótons têm formato vertical e gostam de luz intensa. Como são maiores, podem não ser a primeira escolha para um terrário, mas tive sucesso ao usá-los em caixas onde havia lugar para crescerem. Crótons têm folhas fortes voltadas para cima, e sua coloração é vibrante e intensa.

ACIMA: Na frente e no centro, o cróton "banana" (*Codiaeum variegatum*) aponta para fora as folhas verdes com friso amarelo.

PÁGINA AO LADO: Use sua caixa wardiana como centro de mesa em um almoço ao ar livre. Encha o recipiente com plantas floridas para criar um belíssimo local para conversar.

VASOS DE CERÂMICA, GLOBOS E GOTAS DE VIDRO SUSPENSOS

Com esses tipos de terrário, você pode fazer experiências com os tamanhos, a altura em que ficarão expostos ou as próprias cores dos recipientes. Há muitos modelos e dimensões, como a esfera comum e o formato de pera chamado de gota ou lágrima. Outra escolha interessante é o oval, um de meus

ACIMA: Muitas combinações são possíveis com o uso de plantas diferentes, musgo, areia, pedras ou casca de pínus. Por que não criar terrários novos a cada mês para festas e feriados? O passo a passo começa na p. 92.

À DIREITA: Veja o mundo suspenso das plantas aéreas sobre uma base de seixos de rio bem longe do chão.

Esse é um uso clássico para vidros suspensos.

preferidos, que acomoda plantas aéreas ou alguma espécie pequena que se projete pelo orifício.

A rede social Pinterest traz páginas e páginas de terrários suspensos dentro de casas ou sobre a mesa de jantar, como castiçais, e também em restaurantes e até – os meus favoritos – como instalações artísticas.

Estive em Wave Hill, uma bela propriedade do Bronx, em Nova York, que fica à beira de um despenhadeiro com vista para o rio Hudson e os Palisades. Na galeria de arte, uma instalação trazia vidros suspensos por cordas em diversas alturas e posições em uma janela, para capturar a luz. A obra me lembrou das pequenas esferas usadas para acomodar plantas aéreas suspensas. Quero recriar esse cenário em minha casa, mas ainda preciso encontrar um espaço para isso.

Globos de vidro para ocasiões especiais

Os globos de vidro são extremamente versáteis. Na época do Natal, você pode criar alguns terrários suspensos e usá-los como decoração em árvores. Encha-os de pinhas e inclua bolinhas de vidro vermelhas, verdes, douradas

Areia branca é igual a neve artificial. Aqui, plantas aéreas (*Tillandsia*) "na neve" em um globo de vidro, com imitações de galhos de pinheiro e pedaços verde-amarelados de *Cladonia rangiferina* tratada.

ou prateadas junto com um pot-pourri com aroma de bálsamo. Ficarão com o perfume da natureza.

O bom dos globos de vidro é que podem ser suspensos ou apoiados em uma superfície plana; aqueles para apoiar têm a base chata. Na hora da compra, leve em conta o estilo com o qual vai trabalhar. Se for uma esfera perfeita, veja se inclui uma argola ou um gancho na parte de cima, para que possa pendurá-la com uma fita ou barbante.

E que tal levar a experiência aromática de um spa para seu banheiro usando lavanda? Transforme os globos de vidro em terrários perfumados com cristais ou pedras brancas. O possante aroma do pot-pourri de lavanda faz nosso corpo relaxar. Diferentes variedades da planta têm perfumes únicos – sinta-os para fazer o teste. Acenda algumas velas e crie um lugar onde você possa se desligar um pouco da correria da vida.

INSPIRE-SE ON-LINE

Pesquise em sites e redes sociais sobre o assunto; talvez você possa se conectar com pessoas que moram perto para obter materiais ou buscar inspiração. As mídias sociais têm o poder de juntar as pessoas. Quando eu fazia pesquisas sobre lavanda, encontrei uma loja que trabalhava com esse conceito e vendia produtos pelo correio. A proprietária já tinha incluído a planta em seus terrários e decorações de eventos. Fiz alguns comentários no Twitter para ela, que então me procurou nas redes sociais e acabou se inscrevendo em um workshop meu. Nós nos conhecemos uma semana depois. Nunca sabemos de onde virá o contato – pode ser da cidade vizinha ou de qualquer lugar do mundo.

CAPÍTULO 3

Em uma de minhas várias participações em feiras de rua, comprei uma topiaria de gardênia com 1,20 metro de altura para decorar meu estande, com a esperança de que isso atraísse clientes potenciais à medida que andassem pela feira. A planta não tinha nada a ver com terrários, mas foi um belo chamariz, e muita gente parou para relembrar e contar histórias antigas de varandas enfeitadas com gardênias floridas. O perfume da flor tornou-se um símbolo de tempos passados. Antes do final do dia, para minha surpresa, uma mulher comprou a topiaria simplesmente porque lhe trouxe boas lembranças da casa de sua infância.

Hoje, você pode encomendar kits para fazer seus próprios arranjos em globos de vidro. E não há por que se envergonhar de comprar globos pré-prontos já com plantas aéreas, musgos, areia e suculentas. Esses preciosos mundos botânicos têm enfeitado até mesmo lugares inesperados, como mercadinhos e quitandas.

Por que não criar um pequeno terrário floral, mesmo que temporário, com uma planta aromática como a gardênia junto a uma samambaia elegante e, claro, um pouco de musgo para o toque final? Coloque a flor, com seu perfume inebriante, em um globo de vidro suspenso que fique na altura dos olhos.

REDOMAS E LANTERNAS

As redomas valorizam a exposição de qualquer planta. Pequenos terrários que contenham alguma espécie incomum podem ser acomodados sob redomas de vidro para um efeito e tanto. Todos os meus tesouros e plantas mais estimadas vão para debaixo de uma redoma que fica em um lugar de destaque na minha casa. Lanternas são elegantes e elevam os objetos a peças de museu – trata-se do recipiente que aparece à esquerda na foto da p. 64. Essa foi comprada perto de onde eu moro e, embora seja mais usada como porta-velas, vedei os espaços com massa para calafetar e enchi a lanterna de areia e plantas aéreas. Você encontra instruções no capítulo 4 (p. 89).

ACIMA: Crie belos modelos – dos minimalistas aos mais extravagantes – nesses recipientes de vidro bem diferentes.

PÁGINA AO LADO: É possível criar sua própria redoma com a tampa de outro recipiente que tenha espaço suficiente para acomodar as plantas.

PARA ESPERAR A PRIMAVERA

Redoma

Ela determina o que pode ser acomodado ali dentro em função de seu tamanho. No dicionário, redoma é um tipo de campânula de vidro que protege alimentos e objetos delicados; campânulas eram usadas em hortas ao ar livre para favorecer o desenvolvimento de um vegetal antes da última geada da estação, pois o calor do sol se intensifica sob o vidro e aquece o solo, protegendo e incentivando o crescimento das mudas. Hoje, versões elegantes estão disponíveis em lojas de vidros e de decoração ou na internet; você pode encontrá-las em diferentes tamanhos.

Durante o inverno, você pode criar um terrário temporário dentro de uma redoma com flores típicas da primavera, como mininarcisos brancos ou amarelos (*Narcissus*), ou ainda galantos brancos delicados (*Galanthus* spp.) em uma base de musgo. Compro pequenos vasos e coloco-os no pedestal de vidro dentro dos próprios potes de plástico ou barro; depois, envolvo o recipiente com musgo *Hypnum* até obter o arranjo – um belo prenúncio de primavera dentro de casa. Esse terrário nos lembra de que as flores em breve surgirão para nos saudar.

CAPÍTULO 3

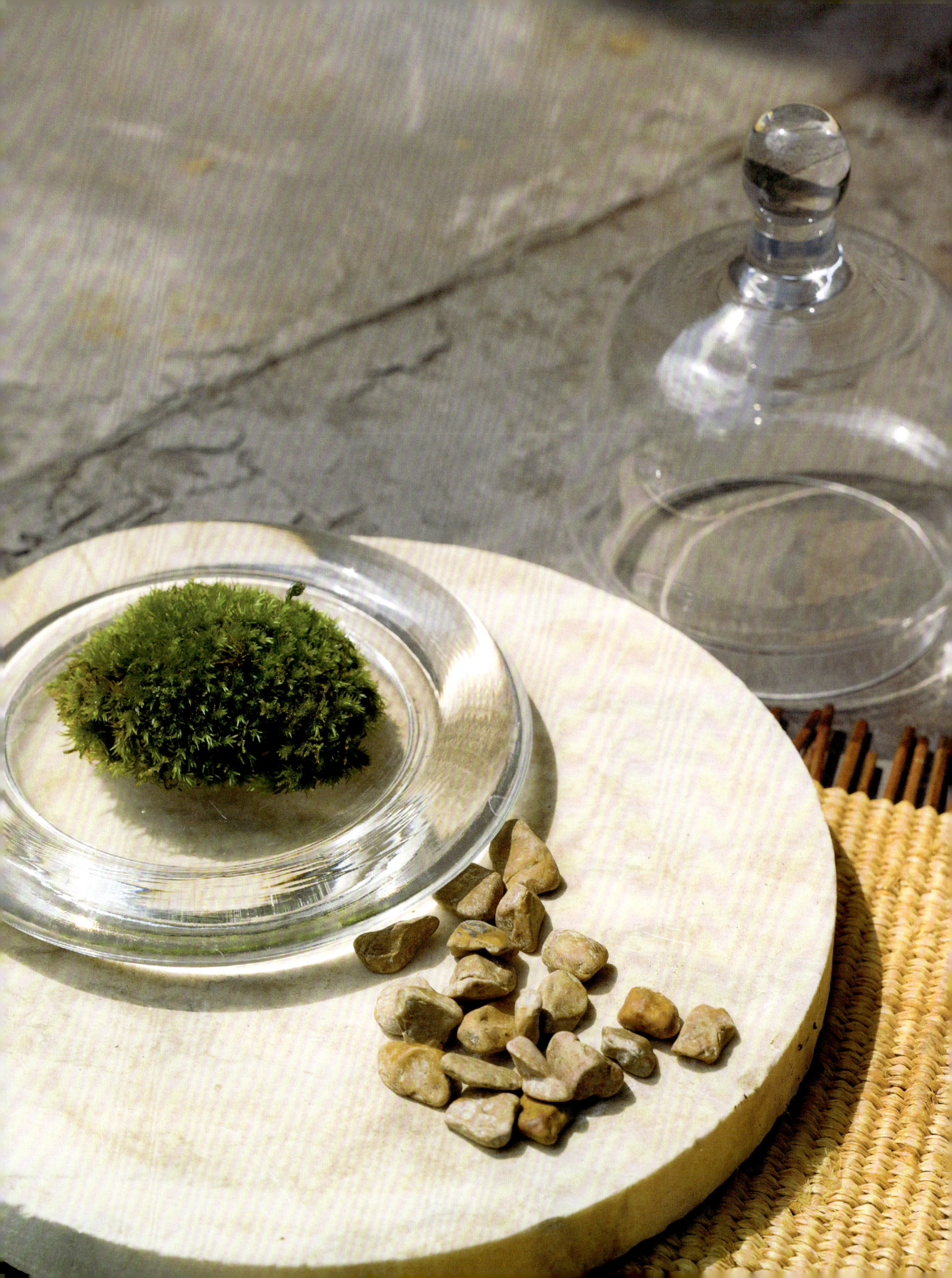

PRATOS PARA BOLO, COMPOTEIRAS E FRUTEIRAS COM BASE

Esses utensílios para servir alimentos são feitos de vidro grosso e robusto que suporta a areia (ou a terra) e as plantas. Mesmo assim, quando escolher esse tipo de peça, verifique se é resistente. Eu não usaria objetos antigos e caros por medo de não aguentarem o peso dos materiais do terrário.

Comprei um prato de bolo coberto para exibir meu bom gosto de anfitriã, mas ainda preciso servir alguma coisa nele (só usei uma vez, com alguns cupcakes). Ao selecionar um utensílio coberto, lembre-se de que produzem

O vidro com pé e o prato de bolo com tampa já foram usados para servir alimentos. Agora não mais.

mais umidade e requerem plantas que aguentem o ambiente molhado.

O espaço grande de uma compoteira com pé requer muita terra ou areia para ser todo preenchido. Sugiro que você coloque apenas cerca de 5 centímetros de solo e disponha as plantas numa altura baixa, para que cresçam até a borda – ou use espécies que se desenvolvam no sentido horizontal e cubram o terreno, permanecendo baixas. Suculentas como a *Echeveria*, que produz florões carnudos e não cresce muito rápido, também são uma boa pedida. Para criar camadas interessantes, contraste com areia colorida.

Esses vidros para servir alimentos são alternativas divertidas e diferentes para usar como terrários. Mesmo tirada com pressa, a foto consegue mostrar o aspecto selvagem do arranjo feito com uma mistura de plantas tropicais. Há uma trepadeira *Vinca*, lenhosa, pendendo pela borda, e uma pequena palmeira-bambu atrás da samambaia-de-outono. Esse modelo não foi planejado e não segue bem um tema, a não ser "abundância".

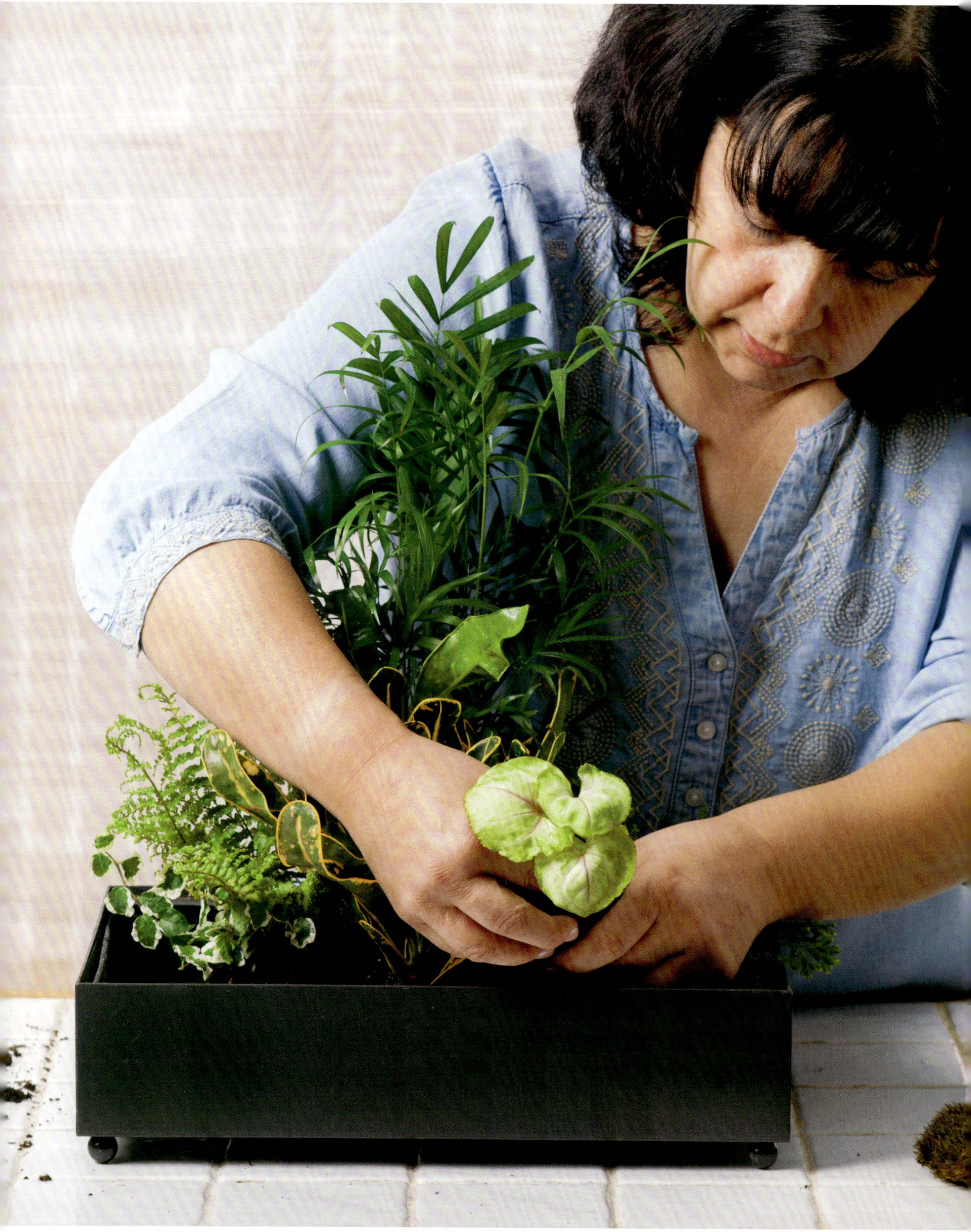

CAPÍTULO 4
MÃOS À OBRA

Admito que fico um pouco apreensiva antes de começar a montar um novo terrário. Tenho todos os componentes – mas será que vou obter o resultado que espero?

Em seu caminho para o sucesso, você precisa ter em mente apenas alguns passos básicos. Este capítulo trata das etapas tradicionais e clássicas que servem para qualquer recipiente. Familiarize-se com os conceitos para depois adaptá-los às suas habilidades, interesses, disponibilidade de plantas e, claro, recipientes de vidro. Sugiro que comece agora mesmo. As fotos passo a passo vão orientá-lo.

- Separe o material.
- Escolha as plantas.
- Coloque o material de drenagem no fundo.
- Acrescente um divisor entre a área de drenagem e o solo.
- Junte o carvão ativado.
- Decida onde colocar as plantas.
- Transfira as plantas, pressione o solo para compactar e adicione mais substrato.
- Finalize com a cobertura.

Mesmo depois de ter criado inúmeros terrários para mim, é sempre um prazer ver um projeto começar com pilhas de ingredientes e terminar com algo tão especial e gratificante – e que pode ser admirado todos os dias. Mãos à obra!

MATERIAIS BÁSICOS

Dê uma olhada nesta lista de materiais básicos para a criação de um terrário. Acha que falta alguma coisa? Algumas pessoas dirão para você calçar luvas, mas não gosto de usá-las – nada melhor do que ficar com as mãos sujas de terra. Suas mãos, aliás, são duas das melhores ferramentas que você tem à disposição. Também não relaciono um regador porque eles despejam muita água de uma vez, e muitas pessoas não conseguem controlar esse fluxo de líquido – nem eu.

- Recipiente de vidro
- Carvão ativado
- Plantas (apropriadas para o design escolhido)
- Material de drenagem (e algo para dividir as camadas)
- Substrato
- Cobertura (se for usar)

PASSO 1: A DRENAGEM

Você precisa criar um ponto de drenagem no fundo do vidro – é por ali que o excesso de água vai escorrer e se acumular. Esse é um componente muito importante de qualquer terrário. Ao ar livre, basta a água escoar, mas um recipiente fechado não tem nenhuma "rota de fuga".

Agora é a hora de pensar em como o material de drenagem afetará o design de seu terrário. Vai usar areia? Na cor natural ou verde, rosa, cor de laranja? Quer aproveitar casca de pínus para absorver a umidade? Cada item confere um clima diferente ao modelo do terrário.

Também é preciso decidir que espaço terá o ponto de drenagem e quanto do material ficará visível através do vidro. O recipiente é grande ou alto? Conterá apenas uma camada fina de pedras ou mais itens? Se houver muita coisa no fundo, as plantas caberão no espaço disponível? Elas vão despontar para fora das bordas do vidro?

Tome todas as decisões antes de partir para a próxima etapa.

PASSO 2: O ESPAÇO ENTRE A DRENAGEM E O SUBSTRATO

Agora você escolhe o material ou ingrediente que vai separar o ponto de drenagem do substrato. Uma barreira fina garante que as camadas mantenham o apelo visual.

Gosto de divisores de papel porque criam faixas distintas, destacando a área de drenagem e evitando que o substrato ou a areia se desloquem para o fundo do vidro. Faço uma barreira fina na maior parte de meus terrários, mas experimente diferentes métodos e materiais até descobrir se papel, musgo ou cascas de árvores funcionam melhor em seus modelos.

Para combinar com a cor do solo, uso papel para origami marrom, que deixa o material invisível através do vidro. Caso você coloque areia no fundo do recipiente, escolha um tom semelhante. É possível repetir a operação diversas vezes para obter múltiplas camadas. Às vezes quero que a faixa inferior se destaque, como parte do efeito visual do terrário. Muitos designers sugerem usar musgo *Hypnum* tratado – também funciona, mas muda a aparência do conjunto. Outros gostam de filtro de café ou tecido de algodão, ambos permeáveis. Você encontrará exemplos nas fotografias dos projetos passo a passo neste capítulo.

Agora ponha pedaços de carvão ativado sobre a barreira antes de cobrir com o substrato. Ele vai filtrá-lo e purificá-lo e absorver o excesso de umidade, que pode causar apodrecimento. Se você se esquecer do carvão antes de começar a acrescentar o substrato, misture um pouco do carvão a ele e complete a camada. É melhor ter um pouco de carvão do que nada.

PASSO 3: O PLANTIO

Esse estágio é muito importante: o começo da criação do cenário.

Em primeiro lugar, prepare a camada de substrato onde vão ficar as plantas. Se o material estiver muito seco e solto, coloco em outro recipiente (como uma tigela), borrifo um pouquinho de água e misturo. Não acrescente muito, ou a terra vai virar uma lama líquida; deve ficar apenas levemente umedecida.

Teste a posição das plantas sobre a mesa ou superfície de trabalho. Troque de lugar até achar que complementam umas às outras. Se couberem com facilidade, você também pode colocá-las dentro do recipiente para conferir se ficarão do jeito que imaginou.

Quando a área de drenagem e o substrato já estiverem formando a base do terrário, acrescente as plantas. Você verá de imediato se alguma delas está muito alta ou se é preciso cortar uma folha ou galho para que a espécie se acomode no recipiente. Talvez você queira mover algo para o lado, para ficar mais chamativo, sem deixar tudo agrupado no centro. Então comece a fazer experiências com os elementos decorativos: um caminho de pedras, um leito seco de rio no meio das plantas etc.

Na hora de tirar as pequenas espécies dos vasos, pode ser que a touceira de raízes esteja muito grande. É possível podar ou diminuir seu tamanho. Na p. 77 há uma imagem que mostra esse processo.

A tarefa seguinte também é importante. Antes do plantio definitivo, veja se as plantas estão saudáveis, sem folhas mortas ou detritos. Molhe a touceira de raízes borrifando-a ou mergulhando-a em água. Seu borrifador será a ferramenta mais preciosa durante a construção dos terrários – e, depois, para manter os jardins.

Prefiro molhar as plantas antes de colocá-las na terra porque, assim, tenho certeza de que estão umedecidas. Eu não costumo regar um terrário recém--montado porque o excesso de umidade se acumula muito rápido, e isso pode ser prejudicial. Por garantia, geralmente deixo o recipiente arejado no primeiro dia.

Terrários privilegiam os detalhes minuciosos, então agora você vai começar a usar algumas ferramentas especiais que mencionei antes. Além dos utensílios caseiros, uma das minhas preferidas é o funil. Uma vez que as plantas estiverem acomodadas, você não deverá adicionar mais terra e cascalho sobre elas de qualquer jeito. Isso pode arruinar o design e criar desordem no momento em que tentar limpar aquele espaço exíguo, onde mal cabem seus dedos. (Para mais detalhes sobre ferramentas, ver p. 32.)

No processo de plantio, limpo ou lavo as mãos constantemente. Se elas estiverem com terra, as plantas também ficarão sujas enquanto as transporto para o vaso. E isso não deve acontecer. Como já disse, é difícil limpar as plantas depois de instaladas. Às vezes até lavo as folhas, se achar que são firmes ou resistentes o suficiente para aguentar um jorro fraco de água corrente. Faria isso com espécies como peperômia ou singônio, mas samambaias podem ser muito delicadas. Não deve haver folhas mortas ou terra que possa poluir a beleza aparente através do vidro (você deve ter entendido que me refiro aqui a "sujeira").

A essa altura, faça o plantio, dê tapinhas leves na terra ao redor das raízes com uma colher (ou com os dedos, se conseguir) e ajeite cada espécie no lugar. Verifique se a touceira de raízes está enterrada ou coberta com a quantidade adequada de musgo, para não ressecar. Mesmo em um terrário, raízes expostas podem secar e fazer com que a planta solte folhas e perca o formato.

Se o plantio for feito corretamente, vai parecer que o seu terrário brotou assim, magicamente!

PASSO 4: A COBERTURA

Agora você pode completar, ou seja, decorar seu terrário. No capítulo "O básico" (p. 31), abordei os assuntos "cobertura" e "elementos artísticos".

Não é preciso incluir uma grande quantidade de itens, e talvez você não queira que nada desvie a atenção das plantas, mas recomendo dar alguns toques finais e cobrir porções da terra. O segredo para o sucesso visual de seu projeto está nos detalhes.

Com as plantas no lugar, olhe para o modelo de um ângulo superior ou pelas laterais do vidro e complete as áreas vazias entre ou ao redor das espécies. Essa é a hora de cobrir o solo com musgo, cascalho ou casca de pínus – ou uma combinação dos três.

Talvez você queira incluir um montinho de musgo e acomodar sobre ele um banco de plástico. Ou pode ver um galhinho pendente e pensar em esconder atrás dele um dinossauro ou um sapo, para que eles espiem pelas plantas da floresta que acabou de criar.

Solte a imaginação! Sinta-se livre para brincar com os elementos até ficar satisfeito com o resultado.

Toda criação começa com uma tela em branco.

DETALHES IMPORTANTES

Você acabou de ler que o segredo de um terrário incrível está nos detalhes. Vamos falar sobre isso.

Use plantas variadas

Como você vai decidir a combinação de plantas? Às vezes, o que direciona a escolha é a sua disponibilidade. Talvez isso limite minhas escolhas, mas gosto de usar espécies contrastantes. Seleciono as que variam em cor, textura das folhas ou padrão de desenvolvimento, como *Cryptanthus*, begônia-morango, fitônias de veios brancos e vermelhos e até uma pequena selaginela, todas muito diversificadas.

Construa um design triangular básico

Na criação de um novo design, uso uma ideia simples: o triângulo. Considere esse arranjo em seu terrário:

- As plantas mais altas no fundo ou no centro.
- Se a mais alta estiver no canto do fundo, coloque as mais baixas na frente, em direção ao centro.
- As plantas mais baixas escondem os talos das mais altas.
- As plantas menores podem ladear o canto esquerdo ou o direito.
- Na frente do triângulo você pode colocar plantas de cobertura ou baixas e largas.
- Em vidros assimétricos ou em arranjos abertos, as plantas podem ultrapassar as bordas.

Gosto de manter a visão geral do terrário em perspectiva. No plantio, emprego técnicas básicas de arranjos florais. Mantenho as espécies juntas, quase como se fossem um buquê. Brinco com as texturas das folhas e as cores das plantas para que fiquem contrastantes. Quando alguém admira um terrário, o olhar se move do ponto mais alto para o mais baixo, do mais escuro para o mais claro. (Para mais informações, consulte o capítulo 1, "O design de terrários", p. 15.)

PASSO A PASSO DA CONSTRUÇÃO DE TERRÁRIOS

Uso aqui alguns modelos que já criei para ensinar as etapas básicas da construção de um terrário. Quando pegar o jeito, vai parecer que nasceu para isso, e ideias surgirão naturalmente.

- Aquário clássico
- Pote com tampa
- Caixa wardiana
- Lanterna com tilândsia
- Vaso de cerâmica suspenso
- Gota de vidro suspensa
- Globo de vidro suspenso
- Cilindro com seixos
- Redoma do explorador
- Cenário praiano

Nessa lanterna, a geometria de cada vidraça orientou a disposição dos elementos. Simplicidade e elegância funcionam perfeitamente bem.

AQUÁRIO CLÁSSICO

INGREDIENTES

PLANTAS
Fitônia, *Aralia*, *Pilea*, clorófito (*Chlorophytum comosum*)

BÁSICOS
Carvão ativado, cascalho miúdo, substrato e pá

MUSGO
Hypnum

1. Construir um terrário é como fazer um bolo: tudo correrá bem se você separar antes os ingredientes necessários. O processo fica ainda mais fácil se usar pequenas vasilhas para acomodar os materiais. Isso deixa uma de suas mãos livres para segurar a planta enquanto a outra vai colocando os elementos no recipiente.

2. Escolhi um pedaço de papel de origami azul como divisor porque era a cor que eu tinha disponível – dê preferência às alternativas que estiverem à mão. O papel será coberto com terra e não ficará visível no terrário pronto, por isso a cor não é tão fundamental nesse modelo. Acrescentei sobre ele um pouco de carvão ativado.

3. Eis um exemplo perfeito de como o recipiente de plástico cheio de substrato e a pá me ajudam a transferir o material de maneira prática. Amo meu kit de ferramentas!

4. Essa pequena *Aralia*, com a lateral das folhas em tom de creme, era alta. Por isso, cortei um pouco a touceira de raízes para que a planta ficasse mais baixa no terrário. Coloque sua espécie dentro do vidro e calcule o quanto cortar em etapas – melhor começar cortando menos, pois sempre é possível aparar mais, se necessário. Mantenha algumas das raízes intactas. Assim que a planta se assentar em seu novo ambiente, surgirão novas raízes.

5. Durante o plantio, não tenha medo de enfiar os dedos na terra para assentar firmemente as plantas no lugar. Esse é um bom método para fixar as raízes no solo. O fundo curvado e liso de uma colher de cabo comprido é perfeito para compactar a terra, pois alcança lugares aonde os dedos não chegam. Mas use o que for mais confortável para você.

6. Ao acrescentar um pouco mais de substrato em torno do perímetro interno do aquário, sujei as laterais do vidro. Limpei com apenas alguns jatos de água. Isso também ajuda a umedecer o solo, que fica mais fácil de ser compactado.

7. Ajustei o bico e borrifei o musgo tratado antes de distribuí-lo entre as plantas. Você pode borrifá-lo por cima e por baixo.

8. Coloquei as plantas, o substrato, o musgo e mais cascalho miúdo ao redor das laterais do aquário – e já dá para ver o design tomando forma. Também retirei os detritos do vidro com um papel-toalha macio. É um bom treino para quando você precisar remover o excesso de condensação de qualquer terrário, principalmente nos fechados.

9. Havia espaços entre os pedaços de musgo e decidi que seixos pretos fariam um bom contraste com o verde da planta e os tons terrosos do cascalho. Segurei as pedras com a mão em forma de pá, deixei longe do solo e apenas permiti que escorregassem entre meus dedos no lugar certo.

10. Juntei uma muda de clorófito que eu havia cultivado na água. Ele dá um grande destaque e confere textura ao arranjo. Nada supera as plantas que você já tem em casa – saem de graça. *Voilà*!

POTE COM TAMPA

INGREDIENTES

PLANTAS
Unha-de-gato (*Ficus pumila*), palmeira-bambu (*Neanthe bella*), peperômia, singônio

BÁSICOS
Substrato, areia verde, carvão ativado

MUSGOS
Tufos de barba-de-velho, *Cladonia rangiferina*, *Dicranum*

1. Esse pote acomoda uma quantidade um pouco maior de plantas do que o aquário. E vou acrescentar diversos pedaços de musgos diferentes, assim como areia, para conferir cor e textura.

2. A areia colorida usada como área de drenagem complementa os tons verde-amarelados da cobertura. Se eu despejar o material diretamente da pequena vasilha, os cristais finos vão "saltar" e grudar nas laterais do vidro. Meu funil de bico comprido é a ferramenta perfeita para evitar isso.

3. Consigo colocar a mão ao lado da peperômia para apertá-la e aproximá-la da palmeira-bambu. Pode parecer que meus movimentos são bruscos, mas trabalho com calma, gentileza e cuidado.

4. Começo a dispor as outras plantas dentro do pote, mas viro a unha-de-gato para o lado – dessa maneira, as folhas variegadas ficam voltadas para o vidro. Essa técnica pode ser usada com várias plantas que crescem para o alto, mas que serão vistas pela lateral do recipiente.

5. Uso um funil de bico largo porque o substrato tem grumos maiores e não há espaço para inseri-lo com uma pá sem que você acabe desordenando as plantas. Com a ferramenta, fica mais fácil.

6. Já adicionei musgo *Dicranum* ao pote com tampa. Prefiro romper – e não cortar – a barba-de-velho, para que fique com uma aparência mais solta e natural.

7. Com uma das mãos, afasto levemente a unha-de-gato e uso dois dedos da outra para dispor a barba-de-velho. Trabalhar com agilidade e movimentos contidos não compromete o que já foi plantado.

CAPÍTULO 4

8. É melhor usar um hashi para ajeitar o musgo *Cladonia rangiferina*, porque ele não tem fiozinhos como a barba-de-velho; é mais fácil movimentá-lo em um único pedaço. Utilizei uma estaca verde, pequena, que havia sido usada para apoiar outra planta – uma ferramenta de ocasião que não custou nada.

9. Eis o terrário, pronto para ser admirado. Como eu já tinha molhado as plantas, não será necessário regar por várias semanas ou talvez meses.

CAIXA WARDIANA

INGREDIENTES

PLANTAS
Unha-de-gato (*Ficus pumila*), palmeira-bambu (*Neanthe bella*), cróton (*Codiaeum*), samambaia-americana (*Nephrolepis exaltata*), musgo-tapete (*Selaginella kraussiana*)

BÁSICOS
Substrato, carvão ativado

MUSGO
Dicranum, montinhos de musgo
Dicranum fresco

1. A tampa de muitos vidros para terrários feitos ao estilo das caixas wardianas fica sobre uma bandeja baixa. Você pode trabalhar melhor nessa parte rasa do recipiente. Coloquei as plantas em seus vasinhos de origem dentro da bandeja para ver que lugares poderiam ocupar antes de realizar o plantio.

2. Agora estou pronta para iniciar o projeto, passo a passo. Começo pelo centro com a palmeira mais alta e então distribuo as plantas ao redor dela para criar uma selva tropical.

3. Para esse modelo, não criei uma base do solo. As plantas ficam diretamente sobre a bandeja, e podo a touceira de raízes conforme for necessário (como ensinei no projeto do Aquário clássico). Vou inserindo cada espécie de acordo com o teste feito no passo 1.

4. Quero formar uma camada fina de substrato – mas preciso de uma quantidade grande para encher a bandeja toda, então é mais rápido transferir o material diretamente do vidro. Aqui, você pode juntar um pouco de carvão ativado.

CUIDADOS COM A CAIXA

Não há barreira de papel ou de musgo nem área de drenagem nessa caixa wardiana. Como a bandeja é muito rasa, temos que plantar diretamente sobre ela. Depois de pronto, o terrário não requer muitas regas, pois o telhado de vidro mantém a umidade interior. Em um período de seis meses, precisará de um pouco de água; a quantidade depende de quanta umidade escapa pela janela superior e de quão aquecido é o ambiente em que a caixa estiver disposta. Leve em conta os fatores ambientais ao planejar a manutenção.

5. Como já disse, gosto de umedecer levemente a terra e compactá-la ao redor das raízes, para que cada planta fique no lugar. Borrifo apenas uma ou duas vezes, se necessário, e pressiono para fixar.

6. Continuo a completar com as outras plantas, a partir do centro, preenchendo as áreas mais externas. Essa *Selaginella* é muito leve, e os galhos parecem flutuar agradavelmente pelo ar.

7. Na base, coloquei plantas menores que fazem o papel de forração em torno das espécies maiores. Elas se desenvolverão e completarão o cenário. Se quiser, distribua a unha-de-gato para rodear toda a base – ela cresce aos poucos, mas as gavinhas se alongam com o tempo. Corte as pontas de vez em quando, para que se desenvolva de maneira saudável, com talos mais grossos.

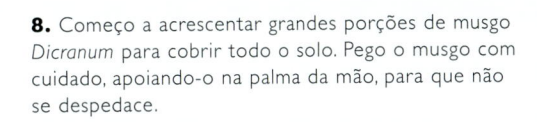

8. Começo a acrescentar grandes porções de musgo *Dicranum* para cobrir todo o solo. Pego o musgo com cuidado, apoiando-o na palma da mão, para que não se despedace.

9. Afasto as plantas e deslizo o pedaço inteiro de musgo no canto do vaso. Ficará parecendo uma superfície macia por onde a unha-de-gato poderá se expandir quando crescer.

10. Veja de perto como as plantas se acomodam umas às outras. A *Selaginella* parece flutuar sobre o solo de musgo.

11

11. O terrário pronto tem as plantas em posições muito parecidas ao teste do passo 1 – e elas agora estão prontas para criar raízes em sua nova casa de vidro.

LANTERNA COM TILÂNDSIA

1

2

INGREDIENTES

PLANTAS
Plantas aéreas (*Tillandsia*), *Cryptanthus*

BÁSICOS
Areia na cor cinza, duas pedras de granito grandes

1. Essa é uma combinação elegante de ingredientes. Ao trabalhar em qualquer design, talvez você não use tudo o que imaginou. Às vezes, durante a construção do terrário, pode haver um momento em que você pense: "Assim já está bom".

2. Coloco a areia dentro da lanterna com meu funil preferido – o recipiente é grande, e não quero que os grãos batam no fundo e saltem dentro do vaso. À medida que a areia desliza, paro e chacoalho levemente a lanterna para nivelar o fundo. Então olho pela frente do recipiente para conferir se a camada aparece através do vidro.

3. Essa pedra foi um achado – queria algo com tamanho suficiente para apoiar a planta aérea. Coloquei-a com cuidado, para não danificar o vidro. Esse terrário não poderá ser trocado de lugar depois de pronto.

4. Após mover a planta para definir que posição ocuparia, escolho esse lugar porque pareceria natural se ela tivesse nascido ali. Também fica visível através da vidraça. Sim, tenho obsessão por achar o lugar perfeito! O modelo finalizado vai mostrar que o esforço valeu a pena.

5. Com cuidado, acrescento a segunda pedra, menor e mais clara, com pontinhos escuros que combinam com a areia. Então coloco a outra planta aérea (a *Tillandsia*) atrás, como pano de fundo – as pontas ultrapassam a borda do vidro. As duas *Cryptanthus* pequenas e idênticas não foram usadas no arranjo final, pois seria um exagero diante da simplicidade perfeita desse design.

6. O terrário pronto é uma coleção de objetos e plantas naturais atraente e única. Quando meus olhos passeiam pelos objetos e vão das plantas às pedras, me sinto plena.

VASO DE CERÂMICA SUSPENSO

INGREDIENTES

PLANTAS
Variedades de *Peperomia*

BÁSICOS
Cascalho miúdo, substrato, pá, carvão ativado, seixos de rio, areia de construção

MUSGO
Hypnum

1. Existem diversos tipos de vasos de cerâmica, globos ou gotas de vidro suspensos. Eis três modelos básicos dispostos ao lado de plantas minúsculas que só esperam o momento de entrar numa nova casa.

2. O vaso azul-claro precisa de uma base de cascalho miúdo.

3. Minha pá tem o tamanho perfeito para colocar um pouco de substrato sobre o cascalho. Coloquei uma pequena porção de musgo *Hypnum* sobre o cascalho para separá-lo do solo, com um ou dois pedaços de carvão ativado, que garantem a vitalidade do terrário.

4. Usei minha adorada *Peperomia* de novo. Você deve sempre conferir se há solo suficiente para a planta ficar na altura desejada; caso contrário, retire-a do recipiente e aumente ou diminua a quantidade de substrato.

5. Gosto da maneira como a *Peperomia* escapa pela abertura do vaso, mantendo a forma, mas seu padrão de crescimento – muito rápido – é um desafio para esse recipiente. Para outro tipo de efeito, experimente uma planta que caia em cascata. A escolha das espécies se baseia em suas estruturas: as que se mantêm firmes, em pé, ou as que naturalmente pendem para baixo.

GOTA DE VIDRO SUSPENSA

INGREDIENTES

PLANTAS
Haworthia

BÁSICOS
Cascalho miúdo, seixos de rio, areia de construção

MUSGO
Barba-de-velho colorida

1. Seguro o vidro inclinado e, com uma pá, coloco uma pequena quantidade de areia no fundo.

2. Também inclino a planta, para acomodá-la dentro do recipiente, e começo por ela a montagem do terrário. A pequena suculenta *Haworthia* tem estrutura vertical e arquitetônica. Pode não viver aqui para sempre, mas vai ficar adorável.

3. A *Haworthia* está no lugar. Garanto que esteja um pouco molhada antes de enterrar.

4. Posso cobrir a raiz com um pouco de areia ou de substrato para cactos. Como quero manter o visual desértico, para combinar com a planta, escolho areia.

5. Deixe para decorar sempre na fase final. Aqui, uso alguns seixos naturais para seguir com o tema desértico.

6. Acho que esse mundo minúsculo precisa de um toque a mais no espaço vazio do lado esquerdo. Completo com musgo barba-de-velho verde-limão.

7. Agora estou satisfeita: meu terrário tem variação e equilíbrio.

GLOBO DE VIDRO SUSPENSO

INGREDIENTES

PLANTAS
Gasteria

BÁSICOS
Cascalho miúdo, seixos de rio, areia de construção

1. Agora é a vez de montar esse globo de vidro pequeno e gracioso. Tenho mais areia e gostaria de exibir esse terrário ao lado da gota (p. 94), mantendo o mesmo tema.

2. Note que a planta é retirada do vaso original sem terra e colocada no recipiente quase sem raízes. Com o tempo, as raízes se expandem e tomam conta do solo na nova casa.

3. Enterro a suculenta *Gasteria* na areia. Preciso acrescentar alguma cobertura, porque a planta é muito pequena e fica isolada dentro do globo.

4. Junto pequenos seixos, por terem cores variadas. Como são menores, consigo incluir uma quantidade maior dentro do globo.

5. É um arranjo simples, mas adequado e atraente.

6. O alegre trio de terrários suspensos – o globo clássico, o vaso azul ovalado e a gota em formato de pera – está pronto para ser pendurado em qualquer lugar.

CILINDRO COM SEIXOS

1. Esse é um projeto simples que mostra como fazer camadas com pedras de tamanhos diferentes para valorizar um recipiente pequeno. O vidro tem veios verticais que refletem a luz. Gosto muito dessa pequena torre de suculentas e pedras. Fica em minha estante de livros, ao lado de uma janela, e assim aproveita a luz do sol da manhã.

2. Uso divisores de papel para manter os materiais separados e isolados. Esse projeto não precisaria de um divisor entre o cascalho e as pedras, mas acho que será útil porque a raiz da nossa pequena *Haworthia* será envolvida por terra, a qual pode escorregar entre as pedras e comprometer o arranjo.

INGREDIENTES

PLANTAS
Haworthia, planta-jade (*Crassula ovata*)

BÁSICOS
Cascalho para aquário, pedras de rio, cobertura de cascalho miúdo, divisor de papel

3. Com o vasinho de suculenta perto do cilindro, uso uma colher de plástico para transportar a planta e sua terra. Quero que as touceiras de raízes fiquem rodeadas pelo solo, pois o material retém água e nutre as espécies, apesar de que, ao final do projeto, a *Haworthia* e a planta-jade ficarão enterradas nas pedras.

4. A colher de plástico me ajuda a transportar a planta, pois a pequena touceira de raízes está se desfazendo, e preciso passá-la pela abertura estreita do cilindro da maneira mais rápida possível e de forma que a mantenha intacta. Fixo as raízes no solo enquanto seguro a ponta das folhas com delicadeza, tomando muito cuidado para não quebrá-las.

5. Atrás da *Haworthia*, coloco uma minúscula planta-jade elevada sobre algumas pedras, para que fique em um nível um pouco mais alto. O passo final é preencher o espaço entre as plantas com cascalho miúdo de cores naturais e levemente diferentes. Uso a mão, como se fosse uma pá, para direcionar o cascalho.

6

7

6. Quando olho o terrário por cima, vejo as duas plantas apontadas para o alto. Adoro a simetria, a estrutura e a maneira como estão dispostas.

7. Eu me apaixono por meus projetos e não quero me desfazer deles. Meu, tudo meu!

REDOMA DO EXPLORADOR

INGREDIENTES

PLANTAS
Chifre-de-veado (*Platycerium grande*) com raízes envoltas em musgo *Hypnum* (ao estilo *kokedama*, p. 143)

BÁSICOS
Junco, quadro de borboleta artificial, gravetos de salgueiro, bola de musgo, grama artificial para decoração

1. Quando começo, estou diante de uma tela em branco, repleta de oportunidades para ser original. Para acomodar um pequeno jardim, a redoma com base de madeira precisa de um vaso com substrato ou musgo. Você pode usar apenas um recipiente.

2. É preciso ter mão firme e segurar direito o vidro alto. Pegue com cuidado enquanto inclina o topo para o lado. A outra mão vai transferir a planta ou o vaso para dentro da redoma. Nessa foto, acrescento o junco depois de já ter incluído o chifre-de-veado (*Platycerium grande*). A samambaia, por si só, já seria uma espécie de tesouro de explorador, mas incluí outro elemento natural – o junco. O modelo já poderia estar pronto, valorizando a simplicidade.

3. Mas sigo em frente com o acréscimo de uma papoula vermelha de seda, com o miolo amarelo-dourado. Também espetei alguns gravetos de salgueiro na bola de musgo para que quase alcançassem o topo da redoma, que começa a ficar preenchida até o alto. Nesse estágio, o terrário reproduz uma bela cena da vida natural. Devemos parar por aqui?

4. Esse acréscimo final foi um desafio, e precisei da ajuda de outro par de mãos. Lori Adams, minha fotógrafa, levantou a redoma a cerca de 5 centímetros (sem virá-la) enquanto acomodei o quadro de borboleta artificial lá dentro, em um suporte de madeira. Na frente da bola de musgo, assentei um pequeno pedaço de grama artificial. Tentei dispor a borboleta sem o suporte de madeira, mas não era possível vê-la através do vidro. Quando subi o quadro alguns centímetros, deixei visível a folhagem da samambaia, o que leva a vista para a abertura das asas. As duas partes amarelas ficam destacadas do verde-escuro do musgo, e o olhar segue imediatamente para lá. E a papoula ainda combina com o leve toque de vermelho nas asas da borboleta. Tudo está nos detalhes, precisamente exibidos.

CENÁRIO PRAIANO

INGREDIENTES

PLANTAS
Pata-de-elefante (*Beaucarnea recurvata*)

BÁSICOS
Areia de construção, cascalho miúdo, miniatura de cerca de madeira e arame, conchas

Vista da baía em Cape Cod, Massachusetts (EUA). A relva cresce nas dunas e você desce os degraus íngremes de madeira até a praia, onde fica a cerca em zigue-zague.

1. Todo terrário perfeito começa com a drenagem. Aqui, uso papel sulfite como um divisor que cobre completamente a área. É um material forte que vai suportar o peso da areia.

2. O papel ajuda a isolar a área de drenagem e a deixar o solo um pouco seco, mantendo as plantas longe da umidade excessiva. Nesse modelo, usei areia apenas pelo efeito visual, e não como meio de drenagem (na verdade, nem se trata de areia de praia).

3. A planta é muito maior do que eu imaginava (embora possa ser encontrada em vasos menores). E como agir se não tiver à mão o tamanho desejado? Vou mostrar o que é possível fazer com essa touceira de raízes.

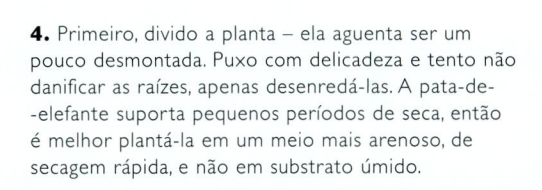

4. Primeiro, divido a planta – ela aguenta ser um pouco desmontada. Puxo com delicadeza e tento não danificar as raízes, apenas desenredá-las. A pata-de-elefante suporta pequenos períodos de seca, então é melhor plantá-la em um meio mais arenoso, de secagem rápida, e não em substrato úmido.

5. Uso apenas uma porção da planta original. Ainda assim, a pata-de-elefante é bem alta e vai pender para fora das bordas do vidro.

6. Molho as raízes antes de plantá-las – como já disse, não se deve regar o terrário pronto, pois tudo ficará úmido muito rápido –, fazendo assim você saberá que as raízes já estão hidratadas de maneira adequada. Quando você planta na areia, a água escorre e vai embora.

7. Mantive visíveis o padrão em leque das folhas e o leve tom rosado na base delas. A pata-de-elefante cresce para cima e para fora de forma bonita. Na hora de plantar, observe as espécies e vire-as até encontrar o lado com as folhas e os ramos mais bonitos. Isso vai ajudar na visão final do projeto.

8. Acrescentei mais cascalho miúdo ao redor e enterrei as raízes na areia. Agora o cascalho torna-se parte do design e pode ser visto de fora coberto de areia.

9. Sem querer, enterrei muito as raízes, e o padrão em leque desapareceu. Usei um pincel e, com movimentos rápidos, limpei um pouco da areia.

10. Para colocar a cerca no vidro tive que enrolá-la, posicioná-la próxima à parede e, então, desenrolá-la com cuidado, mas com alguma ondulação. Juntei algumas conchas da minha coleção. Agora sinto que estou de volta a Cape Cod.

11. Cresci no estado de Nova York e passei os verões correndo nas praias do Jones Beach State Park, diante do oceano Atlântico. Uma das muitas lembranças que tenho é o ponto onde ficava a cerca de madeira, vista da entrada, junto das dunas com vegetação. Você sabia que estava finalmente na praia quando corria passando por ela com os pés na areia quente. Esse pequeno terrário é minha homenagem aos dias passados (e futuros) sonhando com a vida à beira-mar.

Depois de ver exemplos de técnicas variadas usadas em recipientes de vidro diferentes, espero que se sinta preparado para abraçar a montagem de terrários. Você aprendeu que é possível abrir mão do substrato com algumas plantas e que um terrário fechado pode dispensar a manutenção durante meses. Também aprendeu como os ingredientes básicos são incorporados, um de cada vez, para criar seu minijardim em vidros. Estou animada com o fato de que agora você vai pôr em prática suas próprias ideias. Divirta-se!

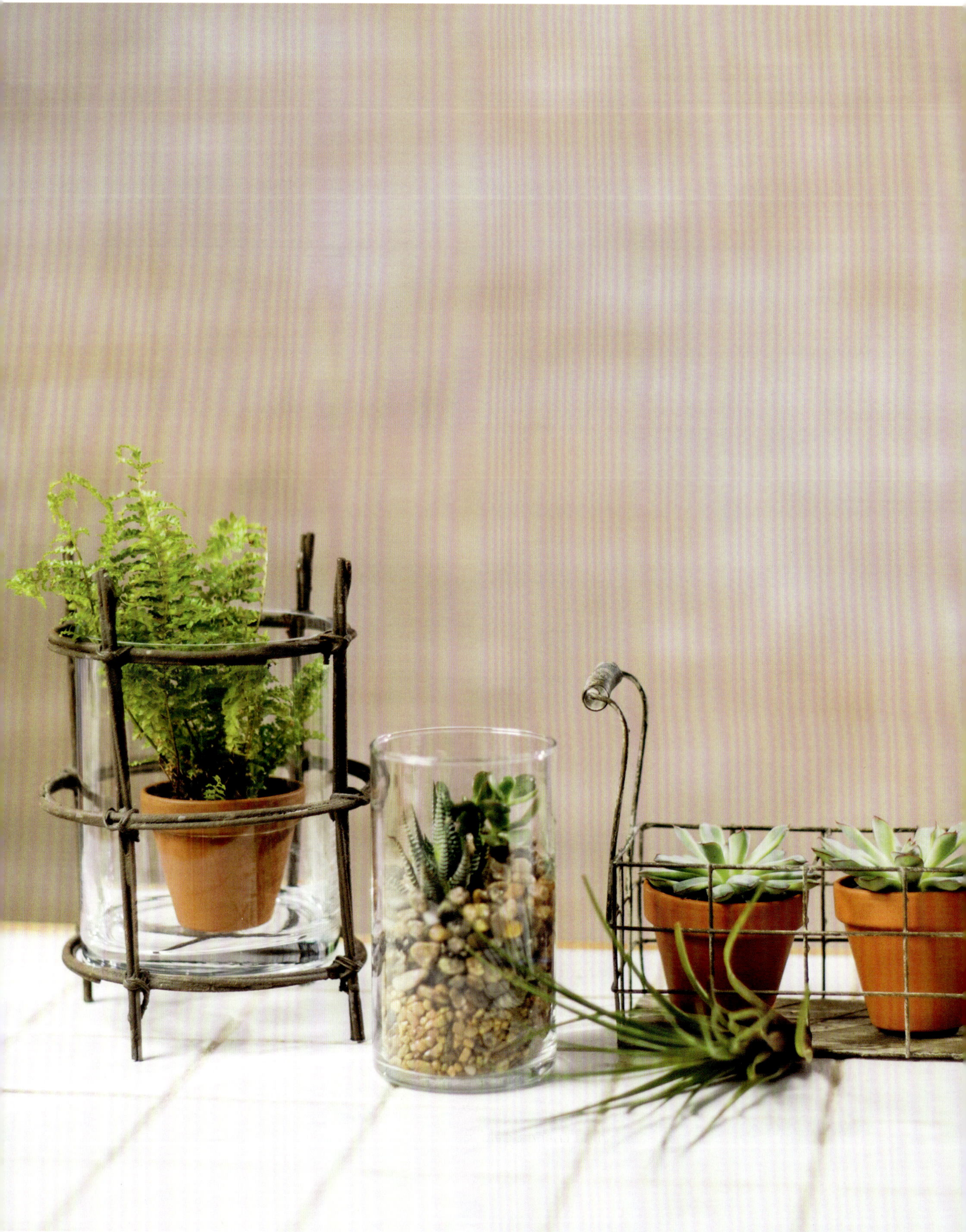

CAPÍTULO 5
AS PLANTAS

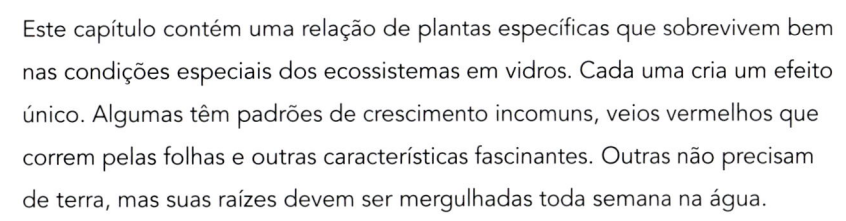

Este capítulo contém uma relação de plantas específicas que sobrevivem bem nas condições especiais dos ecossistemas em vidros. Cada uma cria um efeito único. Algumas têm padrões de crescimento incomuns, veios vermelhos que correm pelas folhas e outras características fascinantes. Outras não precisam de terra, mas suas raízes devem ser mergulhadas toda semana na água.

De acordo com minha experiência, essas são as plantas mais apropriadas para enfeitar os terrários enquanto sobrevivem aos efeitos do calor, da umidade e dos espaços superlotados. Já estamos acostumados a ver muitas delas em vasos, parapeitos ou canteiros em casas. Entre as plantas de terrário, incluem-se também espécies tropicais, suculentas, alguns cactos, muitas samambaias e outras variedades únicas.

Eis as melhores plantas para terrários e jardins de inspiração oriental:

- Plantas aéreas (*Tillandsia*)
- Chifre-de-veado (*Platycerium grande*)
- Criptanto (*Cryptanthus* 'Pink Star')
- *Selaginella*
- Rosa-de-pedra (*Echeveria*)
- Lágrimas-de-bebê (*Helxine soleirolii*)
- Mikado (*Syngonanthus chrysanthus*)
- Unha-de-gato (*Ficus pumila*)

A seguir, um detalhado guia de plantas traz informações específicas sobre essas espécies perfeitas para terrários. Muito do que aprendi veio com a experiência de criar modelo atrás de modelo. Agora dividirei tudo com você.

DICAS DE ESPECIALISTA

Nancy Frame trabalha na Plantaflor USA (www.plantaflor.com), na Califórnia, que cultiva plantas aéreas.

Qual é a sua planta aérea preferida?
Muitas: *Tillandsia tectorum*, *T. xerographica* e *T. houston*. A pequena *T. ionantha* é graciosa e tem preço acessível.

Como o leitor pode aproveitar as plantas aéreas?
Em terrários de vidro apoiados sobre madeira, em esqueletos de ouriços-do-mar, conchas e qualquer recipiente que encontrar – mas não use terra quando trabalhar com elas. Vale areia, lágrimas-de-sereia [cacos de vidro esculpidos pela ação do mar], musgo, seixos e molduras de madeira. Molduras são uma excelente maneira de exibir as plantas, em quadros para ambientes externos ou internos; são como obras de arte.

Para manter as plantas aéreas vivas dentro de um terrário, sugerimos que você molhe regularmente, sem exagerar. É preciso deixar a *Tillandsia* adaptar-se a seu novo ambiente. Elas não florescem mais de uma vez – mas as flores duram até duas semanas. Plantas aéreas podem ter uma vida longa, pois produzem brotos que dão origem a novos espécimes.

PLANTAS AÉREAS (*TILLANDSIA*)

Vamos falar sobre plantas aéreas. Por quê? Porque elas são fascinantes!

Elas são epífitas – ou seja, crescem apoiadas sobre outra, sem serem parasitas, e vivem no alto das árvores de florestas úmidas, onde há mais sol, circulação de ar e umidade da chuva. Têm algumas vantagens em relação às espécies que vivem restritas à terra: no ambiente selvagem, as plantas aéreas coletam água da chuva nos vãos das folhas que se irradiam a partir de seu centro.

É por viverem fora da terra que as chamamos de aéreas – e não porque sobrevivem apenas com ar. Como qualquer outro ser vivo do planeta, elas precisam de água, sol e cuidados. Devem ser mergulhadas em água pelo menos duas vezes por semana. Por quê? Plantas aéreas são cobertas por escamas que absorvem a água. Na natureza, a exposição constante ao vento e ao calor pode deixá-las rapidamente ressecadas.

Espécies de *Tillandsia* podem ficam expostas à luz intensa, portanto, em dias nebulosos de inverno, como no nordeste [dos Estados Unidos, ou no sul do Brasil], sugiro expô-las mais diretamente ao sol. A variedade cinza-prateada suporta a luz solar, então deixo a minha em um parapeito, atrás de um vaso que fornece alguma proteção. No verão, se quiser manter a *Tillandsia* ao ar livre, sob a sombra de uma árvore, lembre-se de que é preciso molhá-la com mais frequência.

A *Tillandsia* gosta do seco

As plantas aéreas se adaptam melhor em recipientes

ACIMA: A designer Fabiane Mandarino, do Rio de Janeiro, colocou miniaturas de suricatos em um ambiente com areia, madeira e plantas aéreas. A areia absorve o excesso de água das plantas e as mantém bonitas e secas, como elas gostam. Perfeito.

NO ALTO: Veja como essas três plantas aéreas são diferentes. Imagine como centenas delas podem ser variadas.

À ESQUERDA: Parte da exposição sobre florestas úmidas da Academy of Sciences no San Francisco's Golden Gate Park, essas plantas aéreas vivem "empoleiradas" em um galho, assim como são encontradas na natureza.

abertos. Podem ser mantidas sobre um leito de areia porque, quando você as umedece, o que deve ser feito de vez em quando, o excesso de líquido escorre e é absorvido pelo solo, deixando as plantas meio secas. Sugiro que você deixe a *Tillandsia* secar naturalmente: chacoalhe para eliminar a água e coloque sobre papel-toalha antes de recolocar no terrário.

Os cuidados básicos para a *Tillandsia* são:

- Luz intensa, sem que fique exposta ao sol quente o dia todo.
- Mergulhá-la na água duas vezes por semana, no mínimo, se não estiver plantada em um vaso.
- Borrifá-la de três a quatro vezes por semana, caso esteja em um globo de vidro, ou retirá-la e mergulhá-la na água duas vezes por semana.
- Secá-la em papel-toalha em lugar bem ventilado.

Caso você coloque a planta aérea em uma redoma – em um ramo de madeira com musgo decorativo, por exemplo –, saiba que será um arranjo temporário. Se ela se deteriorar com o tempo, substitua a *Tillandsia* ou troque o modelo.

CHIFRE-DE-VEADO

A *Platycerium grande* é de fato enorme. Chifres-de-veado são *epífitas* – vivem no alto das árvores, de maneira semelhante a orquídeas e tilândsias, e absorvem a umidade do ar. E da mesma forma que a copa das árvores serve como proteção, também precisamos provê-las de luz difusa, para imitar o ambiente natural.

A fronde dividida dos chifres-de-veado é singular, pois se parece com os galhos do animal. Há basicamente dois tipos de folha: a verde, fértil, e a marrom, estéril. Nas verdes, os esporos reprodutivos crescem nas pontas do lado de baixo. As marrons nascem verdes e, com o tempo, mudam de cor e ficam lisas e arredondadas, formando uma base para o crescimento das novas folhas.

A samambaia chifre-de-veado aparece no passo a passo da Redoma do explorador, p. 102.

CAPÍTULO 5

A penugem protetora não deve ser removida.

São perfeitos para os kokedamas, jardins pendentes japoneses. Leia mais sobre isso no capítulo "Jardins de inspiração oriental", p. 133.

CRYPTANTHUS

Amo a *Cryptanthus*, uma de minhas plantas preferidas em terrários. Por quê? Você precisa de apenas uma delas para obter um grande efeito visual. São robustas, coloridas e vistosas. Adoram a umidade e o calor dos vidros. *Cryptanthus* são bromeliáceas terrestres. Vivem no chão – e não em árvores, como a maior parte das bromeliáceas, tilândsias e orquídeas, que são epífitas.
Tenho uma *Cryptanthus* verde que viveu durante anos em um pote fechado. Mesmo quando crescem, continuam coloridas e resilientes. É perfeita para terrários.

Outra que mantenho em um vaso de cerâmica, no peitoril da janela, aumenta a pigmentação com as longas horas de sol durante o verão. Nos dias mais curtos de inverno, fica um pouco mais pálida.

SAMAMBAIAS

Minha espécie mais desejada é a *Phlebodium aureum* [samambaia azul]. Sua variedade *P. aureum mandaianum* [samambaia-amazonas] também é adorável, com fronde pendente e encrespada. Trata-se de uma epífita nativa das Américas – a *P. aureum*, porém, é a única encontrada na América do Norte. Depois de meses, a *Phlebodium* pode crescer mais do que o terrário, mas isso acontece com várias outras plantas. Se plantar uma mudinha, o tempo que vocês passarão juntas será considerável.

ACIMA: Não dá para negar o efeito visual de uma *Cryptanthus*: o olhar se dirige imediatamente para ela.

NO ALTO: *Cryptanthus* em meio a uma porção de *Selaginella* em um terrário aberto.

PHLEBODIUM AUREUM

Em um terrário que transpira muito, como um aquário fechado, as folhas da *Phlebodium aureum* podem escurecer por falta de ventilação e por acumular água nas frondes. Fique de olho, retire o excesso de umidade com papel-toalha e seque as folhas com cuidado.

ACIMA: Esse é o mais inacreditável jardim vertical que você pode ver, tocar e conhecer, uma criação magnífica do Longwood Gardens, em Kennett Square, Pensilvânia. Deve haver centenas de samambaias e filodendros ali. O talento está na escolha das plantas, com diferentes tons de verde, texturas e capacidade de movimento, principalmente quando estão suspensas. É uma obra de arte.

DETALHE: Quando comecei a desenvolver terrários mais elaborados, quis trabalhar o tempo todo com a *Phlebodium aureum*. Tão majestosa.

À DIREITA: A *Cyrtomium fortunei* é uma samambaia interessante, com folhinhas esticadas e pontudas que saem de um talo no centro da planta. Isso a deixa com um ar admirável, menos delicado do que a avenca (*Adiantum capillus veneris*) e com menos textura do que a *Nephrolepis exaltata* 'Duffy'. Use esse padrão de crescimento em seu favor e coloque-a no centro do terrário. Lembre-se de mantê-la umedecida ou plante-a em um vidro tampado, para que se conserve verde e viçosa.

CAPÍTULO 5

A anã *Cyrtomium fortunei* tem folhas que crescem em lados opostos no talo da fronde e, com seu formato extraordinário, provoca um efeito magnífico. Ela completa os espaços de maneira graciosa. Descobri que, nos vidros, essa samambaia precisa manter um equilíbrio de umidade, ou murchará e perderá parte da fronde. Assim como com a *Phlebodium aureum*, porém, você deve evitar que gotas de água se acumulem nos galhos para que ela não definhe ou apodreça.

Uso com frequência a *Polystichum tsus-simense*, que tem um visual selvagem e frondes firmes, como as plantas que crescem sob as árvores da floresta. Também se adapta muito bem ao ambiente dos terrários.

Variedade anã da samambaia-americana, a *Nephrolepis exaltata* 'Duffy' é conhecida pelas folhas que despencam caso fiquem marrons ou ressecadas, mas sua beleza compensa o trabalho de limpar a sujeira. Verifique com frequência e retire as frondes que estejam murchas ou caídas no solo do terrário.

A *Pellaea rotundifolia* tem folhas bem verdes, pequenas e arredondadas, em uma fronde que nasce em forma de arco a partir do centro da planta. É uma boa escolha para terrários porque as raízes podem ser fixadas em uma lateral do vidro para que a folhagem penda delicadamente sobre as outras espécies. Aguenta bem a umidade, já que as folhas são grossas e firmes.

A samambaia-do-mato (*Dryopteris erythrosora*) tem um visual bem selvagem, como as plantas que você encontraria caminhando entre as árvores de um bosque.

Folhas robustas e escuras, achatadas e com formato de coração, são características da *Hemionitis arifolia*. Se a planta ressecar, as frondes podem amarelar e perder o volume. Terrários fechados parecem ser ideais para que a samambaia viva em umidade constante.

ACIMA: Em um terrário que imita uma floresta, a *Dryopteris erythrosora* tem estrutura diferente das outras plantas e se destaca sobre o musgo.

NO ALTO: A *Nephrolepis cordifolia* tem o verde mais pálido que o da *Pellaea rotundifolia*, mas ainda assim é uma ótima planta para terrários.

NO CENTRO: *Dryopteris erythrosora*: boa escolha para paisagens florestais. Suas frondes imitam as versões maiores que crescem nas matas em afloramentos de rochas ou dentro de névoas. Ela também gosta de umidade.

Além de ter um nome popular lindo – ninho-de-passarinho –, o asplênio (*Asplenium nidus*) exibe folhas fortes que se desenrolam a partir do centro, de onde saem os brotos. Em um terrário aberto, essa parte precisa ser borrifada com água, para incentivar o desenvolvimento correto da planta.

AS QUE NÃO USO

Não uso variedades de samambaias delicadas, como a samambaia-crespa (*Nephrolepis exalta* 'Ruffles') ou a avenca (*Adiantum capillus veneris*). Apesar de samambaias amarem umidade, descobri, por tentativa e erro, que esses dois tipos geralmente não aguentam bem a intensidade de um ambiente fechado e úmido. Com o tempo, perdem a beleza.

Ninguém duvida de que a avenca é uma samambaia adorável. É um desafio mantê-la viva em vasos. É intolerante ao ar seco, estiagem ou descuido.

O asplênio [ou ninho-de-passarinho] (*Asplenium nidus*) é fantástico. As folhas nascem de um talo central e desenrolam-se para cima. Se encontrar uma muda que caiba em seu recipiente, vale usar. É um forte candidato para seus terrários.

SELAGINELLA

É uma de minhas plantas preferidas – e também uma das que mais me desafiam. Consegui cultivar algumas variedades com sucesso e encontrar o recipiente adequado para cada uma delas. Mas ainda tenho muito que aprender sobre essas plantas tão antigas, parte de um grupo ancestral com origens que remontam a 400 milhões de anos. Assim como as algas e os musgos, estão entre os seres que habitam a Terra desde o começo da vida.

As condições ideais para o desenvolvimento das selaginelas [consideradas erroneamente como musgos] são um tanto contraditórias. Elas amam a umidade, mas precisam de ventilação. Adoram ser regadas, mas o solo deve secar um pouco antes de receber mais água. Precisam de um pouco de ar fresco. É o suficiente para fazer mesmo o botânico mais zeloso perder a paciência. O lado bom é que encontrar o vidro certo pode ser a solução – além, claro, de revelar toda a beleza da planta.

Outra espécie que vai bem em terrários abertos é a *Sagina subulata* [conhecida como "musgo-pérola", apesar de não ser um musgo verdadeiro nem uma selaginela]; ela é rasteira e pode ser plantada em jardins ao ar livre. É perene em ambientes aquecidos e se adapta bem em cantinhos, mas não resiste ao calor muito forte.

MINHAS *SELAGINELLAS* PREFERIDAS

Existem diferentes espécies e variedades, com pequenas alterações na estrutura das folhas de cada uma.

Selaginella kraussiana 'Aurea', o "musgo-tapete"	Comum em terrários; tem talos firmes e ramificados e cor vibrante. [É a mais comum no Brasil.]
Selaginella kraussiana brownii 'Emerald Isle'	Variedade compacta que forma um tapete verde; pode ser usada em terrários bem pequenos.
Selaginella kraussiana 'Gold Tips'	Outra variedade entre as minhas favoritas; essa com brotações novas mais claras.
Selaginella martensii 'Frosty Fern'	Muito graciosa; parece ter as pontas cobertas de neve.
Selaginella moellendorffii	Textura suave; verde-escura; usada em terrários e bonsais; aguenta temperaturas mais frias.
Selaginella pallescens	Folhagem verde-clara; boa para terrários; suporta as gotas da condensação da água; cresce devagar.
Selaginella plana	Talos fortes e eretos; pode ganhar mais altura do que as demais; dá um efeito elegante às caixas wardianas.
Selaginella erythropus	Vermelhas, às vezes em tons amadeirados ou cor de bronze; talos curtos; crescimento lento; evite o calor extremo.
Selaginella uncinata	Talos compridos e pendentes; a variedade pavão tem uma iridescência azulada; pode crescer bastante.
Selaginella flabellata	Talos planos; textura e aparência mais rústicas; talos mais ramificados.

Selaginella kraussiana 'Aurea' em tons clássicos de verde e verde-limão.

DICAS DE ESPECIALISTA

Kelley Howard é fundadora e dona da Enviro-Cakes, a divisão de venda on-line do Batson's Foliage Group em Mt. Dora, Flórida (EUA). A empresa cultiva plantas em miniatura especiais para terrários e jardins em miniatura (www.batsonline.com/ittie-bitties-2).

Como e por que surgiu a Enviro-Cakes?
Quando os terrários começaram a se popularizar, pegamos as plantas que desenvolvemos para nosso comércio atacadista e as chamamos de Ittie Bitties™ [miniaturas]. Com elas montamos um terrário em um prato de vidro do tipo usado para servir bolos e o chamamos de Enviro-Cake. Pensamos que podia fazer sucesso e o promovemos em nosso site. Assim surgiu a empresa.

Quais plantas você recomenda ao leitor em função de sua força, beleza e desenvolvimento?
Embora cultivemos uma grande variedade de Ittie Bitties™, temos algumas preferidas. A palmeira-bambu (*Neanthe bella*), a fitônia (*Fittonia*) e a peperômia (*Peperomia*) são excelentes para terrários. Elas adoram e realmente se dão bem nesses ambientes. A palmeira-bambu compõe o modelo como um item mais alto, a fitônia corresponde ao elemento rastejante e a peperômia existe em diversas cores e texturas, mas tende a assumir um aspecto cerrado que responde bem à poda. O cuidado com cada uma dessas plantas é mínimo, mesmo fora dos terrários, o que faz com que sejam boas candidatas para cenários abertos ou fechados. Sou muito fã das espécies que aguentam meus descuidos. Em casa, muitas vezes me esqueço de regar – sim, eu também –, e essas variedades sempre me perdoam.

Existe alguma técnica de manutenção para essas plantas quando estiverem em um terrário?
Em vidros fechados, elas costumam tomar conta de si mesmas, criando um ecossistema próprio. Nesse modelo de recipiente, é importante não plantar em excesso – monte um cenário em que o espaço seja ocupado por plantas, musgos e pedras. O crescimento das espécies será regulado naturalmente, mas, caso se intensifique, é possível podá-las e manter o terrário do tamanho desejado. A mesma coisa acontece com o bonsai. Podar deixa as plantas mais fortes e cheias.

SUCULENTAS

Como uma suculenta pode ser tão bonita? Sua beleza é surpreendente, e, a julgar pela popularidade da planta hoje, muitas pessoas concordam com isso.

Echeveria é um grande gênero de suculentas nativas de áreas semidesérticas nas Américas. Curiosidade: o nome veio do naturalista e desenhista botânico mexicano Atanasio Echeverría y Godoy (1763-1819), explorador que documentou a bela forma em roseta dessa planta moradora do deserto.

Suculentas gostam de fertilizantes e de serem molhadas regularmente, mas precisam secar bem entre uma rega e outra. E o que significa "serem molhadas regularmente"? A cada sete a dez dias, pego meus vasinhos de suculentas e rego com alguns mililitros de água. Então espero que escorram completamente antes de voltá-los ao seu lugar ensolarado.

Você pode adaptar essa técnica para terrários: usando um borrifador, basta aplicar alguns jatos de água diretamente na touceira de raízes. Em seguida, espere secar.

Se as suculentas se ressecarem demais, podem perder as folhas inferiores. É por isso que cuido delas como uma mãe zelosa. Se me esqueço de regar e encontro uma folha morta escondida sob a roseta, retiro-a com uma pinça. Caso uma folha se quebre e, por isso, a suculenta perca a aparência compacta e atraente, talvez seja preciso replantá-la ou propagá-la. Folhas mortas que não sejam

NO ALTO, À ESQUERDA: Depois de encher o copo de conhaque com duas *Dracaena* — uma pontuda dracena-de-madagascar (*D. marginata*) e uma dracena-malaia (*D. reflexa*) listrada de verde-limão —, ajeite uma *Selaginella kraussiana* 'Aurea' na lateral. O musgo amarelado começa a se expandir como se tivesse encontrado seu lugar há muito perdido. E o formato da nova casa cria uma combinação ideal de umidade e ventilação.

NO ALTO, À DIREITA: Eis um terrário aberto de que gosto muito, com *Selaginella erythropus* 'Sanguinea'. Sua parte inferior, vermelha, combina com os veios da *Fittonia*.

ACIMA: Eis um encantador terrário com seixos para sua escrivaninha, estante ou balcão da cozinha. Com intervalo de algumas semanas, borrife água nas raízes. Embora algumas suculentas cresçam rápido, essas se aquietam em seu pequeno mundo e nos impressionam com seu encanto. As pedras de cores e tamanhos diferentes também são cativantes.

NO ALTO: Um grupo de suculentas prontas para invadir sua casa. Juntas, são deslumbrantes e fabulosas!

NO CENTRO, À ESQUERDA: A *Echeveria* exibe a bela forma em roseta das suculentas. Suas cores vão do verde suave a um tom azulado pálido. Todos amam a *Echeveria* – não dá para resistir a ela...

NO CENTRO, À DIREITA: Mesmo com a neve gelada, a *Gasteria pillansii*, a planta-jade (*Crassula ovata*) e a *Haworthia attenuata* var. *radula* estão aquecidas dentro do vaso de vidro.

À DIREITA: A caixa de cedro parece complexa, com tantos espaços para serem preenchidos, mas as suculentas – principalmente as *Sempervivum tectorum* – logo crescem e ocupam tudo. Crie um jardim vertical suspenso com pouco esforço.

CAPÍTULO 5

retiradas podem se decompor e criar fungos que contaminam a planta.

Alguns grupos de suculentas crescem muito rápido. Comprei o que acreditava ser uma pequena orelha-de-elefante (*Kalanchoe thyrsiflora*) e, em apenas alguns meses, ela triplicou de tamanho. Apesar de ter ficado magnífica, não cabia mais em um terrário.

A *Kalanchoe marmorata* também é adorável, mas se desenvolve rapidamente. Se você conseguir comprar uma dessas plantas fantásticas, saiba apenas que ela ficará pouco tempo no terrário, pois em algum momento deverá ser transferida para um vaso de argila.

PLANTA-PEDRA (*LITHOPS*)

Lithops é um gênero de suculentas nativo do sul da África, onde quase não chove. O nome popular, planta-pedra, deriva de sua aparência: as espécies estão mimetizadas com o ambiente, e isso faz com que evitem os predadores em busca de alimento. Elas apresentam vários tons de creme, cinza e marrom, com motivos variados na superfície, e possuem um interessante ciclo de vida – é bom conhecê-lo para atender às necessidades da planta.

As *Lithops*, na verdade, têm apenas uma folha carnuda com uma fenda no meio. Se você encontrar uma espécie que tenha diversos bulbos com folhas emergentes, ela estará em meio ao processo de crescer e se disseminar. Com a passagem das estações, a planta-pedra perde as folhas da mesma maneira que uma

SUCULENTAS PARA TERRÁRIOS

Existem alguns grupos de plantas especialmente apropriadas para pequenos terrários abertos. Precisam de luz intensa, ou então desbotam. Sugestões de suculentas para terrários, jardins verticais ou guirlandas de plantas frescas:

Sempervivum
Sedum
Echeveria
Graptopetalum
Aeonium
Gasteria
Lithops
Aloe hemmingii
Euphorbia obesa
Crassula (planta-jade anã)
Haworthia

▲ Esse terrário simples, com seixos, destaca duas maravilhas do deserto: o agave azul e a *Aloe petrophila* pintadinha.

cobra troca de pele. Então você verá um novo par surgindo a partir do centro. Quando a camada externa secar, é possível removê-la. No fim do verão, a planta-pedra nos presenteia com uma pequena flor, como se fosse uma pequena margarida, com pétalas suaves, cor de creme, crescendo em círculo. De uma criatura tão pequena surge um encanto enorme.

Regue muito pouco as *Lithops* no verão e no inverno (poucas colheres de água no substrato), pois podem enrugar e morrer caso não recebam água. Mas controle a umidade na maior parte do outono e da primavera – regue, talvez, apenas uma vez por mês.

FOLHAGENS

Plantas carnívoras

Como atender melhor às necessidades de plantas carnívoras como dioneias e nepentes em um terrário?

Membros do gênero *Dionaea*, as dioneias são as plantas carnívoras mais comuns. Você pode até imaginá-las mascando os insetos, mas elas não o mastigam: o pobre prisioneiro fica confinado até começar a se desintegrar – é quando seus sucos nutritivos são digeridos pela planta. Eis um exemplo darwiniano absolutamente perfeito da necessidade de se adaptar para sobreviver.

Plantas carnívoras muitas vezes vivem em pântanos, áreas alagáveis com turfa e musgo esfagno. Esse habitat atrai insetos, que voam sobre a água e as plantas, pousando aqui e ali. As adoráveis sarracênias (*Sarracenia*) têm longos tubos que se elevam acima do solo. Quando o inseto vai espiar o que há dentro do tubo, fica preso na penugem interna e não consegue mais sair. Parece horrível para o inocente bichinho, mas é uma característica muito inteligente da planta.

ACIMA: Essa vênus-papa-mosca viveu em um vidro de conserva limpo durante vários anos. Não era alimentada com insetos [elas fazem fotossíntese], mas o vidro era limpo de tempos em tempos. Podia não ser a melhor condição para uma planta carnívora, mas, mesmo assim, ela parecia contente em seu terrário úmido e aquecido.

NO ALTO: Dois encantadores pares de *Lithops* exibem-se para o sol.

O Brasil é o segundo país do mundo em espécies de plantas carnívoras que podem viver em brejos, serras e chapadas, ou são aquáticas. A *Drosera* – ou vênus-papa-mosca – é um dos gêneros mais comuns no país e pode viver em terrários.

Mikado

O mikado, ou *Syngonanthus chrysanthus*, é nativo do Brasil, onde vive em terrenos pantanosos – dá para concluir, portanto, que ama solos leves de turfa, umidade e solo com muito húmus. Em diversas partes do mundo, é cultivado em ambientes internos ou estufas. Na altura do solo, sua base, semelhante a um capim, sustenta os talos altos que se projetam para cima e terminam com um minúsculo pompom redondo e cor de creme na ponta. Muito interessante, e um desafio para os designers. Sugiro plantar em um cilindro alto ou vaso, ou em uma estufa feita com caixa wardiana.

Lágrimas-de-bebê

No maravilhoso mundo das plantas para terrário, a *Helxine soleirolii* ganha destaque: verde, viçosa e densa, adora ar úmido. As lágrimas-de-bebê realmente felizes parecem se erguer e

ACIMA: Você encontra essa maravilhosa pata-de-elefante (*Beaucarnea recurvata*) no "Cenário praiano" do capítulo 4.

NO ALTO, À DIREITA: A linda trepadeira planta-arame (*Muehlenbeckia complexa*) adora umidade. Confere um visual etéreo a qualquer terrário.

NO ALTO, À ESQUERDA: Exemplo de *Sarracenia* [planta-jarro] em um terrário aberto. Usei barba-de-velho cinza natural para cobrir o solo e envolver levemente a planta.

tentar alcançar as estrelas: dá para saber quando gostam do lugar onde moram. Em um ambiente fechado, não há necessidade de borrifar com água, pois elas absorvem a umidade do ar.

Fittonia

A planta-mosaico (*Fittonia verschaffeltii* 'Nana') é uma das espécies que mais gosto de usar em terrários. Com muita força e personalidade, cresce para os lados e é baixa. Plantas do gênero *Fittonia* têm folhas arrojadas com notáveis veios cor-de-rosa, vermelhos ou brancos que podem definir o design de seu terrário e dar variedade visual ao conjunto. O crescimento lateral lento faz com que seja fácil acomodá-la sob plantas maiores e mais altas ou que possa ser usada para cobrir pontos expostos da terra. Existem muitas variedades, algumas

ACIMA, À ESQUERDA: A mais perfeita planta para terrários é a *Fittonia argyroneura* 'White Dwarf', que gosta de umidade e luz indireta. Lembre-se de podar de vez em quando, para fortalecê-la.

ACIMA, À DIREITA: Exemplares de *Serissa* têm talos fibrosos, folhas firmes e flores brancas. Imagine os modelos de terrário que você pode criar com banquinhos de pedra e essas pequenas árvores extraordinárias. A *Serissa* 'Pink Mountain', anã, tem flores cor-de-rosa, perfeitas para um terrário de primavera.

À DIREITA: A *Ledebouria socialis* da África do Sul, à direita, é uma planta ímpar: as pintinhas verde-escuras nas folhas longas e carnudas parecem reproduzir os desenhos de uma pele de animal. O bulbo de onde cresce é duro e belo. Quando incluí-la em um terrário, faça um montinho com a terra e coloque o bulbo por cima, para observar sua estrutura. A *L. violacea* verde tem um padrão semelhante, com o motivo menos pronunciado e uma cor mais intensa.

com folhas levemente frisadas, e novas combinações de cores têm sido cultivadas todos os anos.

Ledebouria

Essas duas maravilhas bulbosas – *L. socialis* e *L. violacea* – são frágeis: vivo arrebentando as folhas e me chateando com isso. Manipule com cuidado; a *violacea* tende a entortar e quebrar mais facilmente do que a *socialis*. Rego as plantas nos vasos, sobre o peitoril da janela, deixo escorrer e espero secar um pouco antes de molhar novamente. Sugiro plantar em um recipiente de vidro grande e aberto, no qual a umidade do solo possa evaporar, que favoreça a visão privilegiada das características arquitetônicas dessas espécies.

Dracaena

A dracena-de-madagascar (*Dracaena marginata*) de frisos vermelhos é uma daquelas espécies com estrutura definida: as folhas pontudas crescem para fora a partir do centro. Quando você olha para o copo de conhaque gigante ao lado [foto mais abaixo], pode ver um arranjo elegante e diferente criado a partir da planta. Brinde à grandiosidade desse cenário criado com musgo *Hypnum* e pedras pretas.

Ficus

A unha-de-gato (*Ficus pumila*) é uma das plantas mais formidáveis para usarmos em terrários – e uma de minhas favoritas. A *Ficus repens* é variegada, com uma borda branca nas folhas. Adoro essas pequenas trepadeiras por causa de sua versatilidade. Aguentam muito bem as condições mais úmidas e se desenvolvem corretamente: podem circular seu terrário ou crescer para o alto.

NO ALTO: Há anos a dracena 'Janet Craig' tem sido cultivada em ambientes com pouca iluminação. Recentemente surgiu uma variedade chamada 'Limelight', de tom verde-amarelado neon. Se encontrar em tamanho míni, use-a.

NO CENTRO: Chamada dracena-de-madagascar, a *Dracaena marginata* com folhas de frisos vermelhos é outra escolha incomum para terrários. Ouse e experimente um novo visual.

EMBAIXO: Esse projeto em tons de verde-limão faz com que a *Dracaena marginata* se sobressaia em meio às outras plantas.

ACIMA: Eis outra notável unha-de-gato variegada (*Ficus pumila*).

NO ALTO, À ESQUERDA: A maravilha desse fícus (*Ficus benjamina*) é a variegação branca nas folhas, que deixa os terrários com um visual extraordinário.

NO ALTO, À DIREITA: Você pode cultivar pequenos espécimes em vidros limpos e fechados para ver como se saem sob pressão.

EMBAIXO, À ESQUERDA: Um *Ficus pumila quercifolia* sobreviveu durante vários anos na janela da minha cozinha dentro de um pote de 5 centímetros. Limpe o vidro uma vez por ano, por dentro e por fora, e recoloque a planta lá dentro.

EMBAIXO, À DIREITA: Esse fícus nunca pende ou fica marrom – apenas cresce.

Minha preferida é a *Ficus pumila quercifolia*. Amo essa pequena joia: seus caules enfileiram folhas bem pequenas, no formato daquelas de carvalho. Sim, me apaixonei completamente por ela.

Syngonium podophyllum

O *Syngonium podophyllum*, ou singônio, é uma planta atraente e forte. Quando novo, forma um ramalhete de talos eretos, o que o torna perfeito para terrários – principalmente em cenários selvagens, pois tem uma aparência bem tropical. Em ambientes úmidos, o singônio pode crescer depressa, uma vez que sempre desenvolve novas folhas. Se a planta ficar muito ressecada, as folhas inferiores amarelam e caem. Certifique-se, portanto, de dar a quantidade adequada de água para manter os talos resistentes. (Você pode ver um singônio em um vidro triangular no capítulo 1, "O design de terrários", p. 17.)

Cróton

O *Codiaeum*, ou cróton, não é uma planta comum em terrários. Mas mesmo sendo muito alto, com folhas grandes, sempre tentei incluí-lo em meus vidros. Escolho recipientes grandes, onde o cróton possa marcar presença. Ele não reclama da água, da manutenção, do calor. Encontre o vaso certo para a planta certa.

Alternanthera

O periquito (*Alternanthera ficoidea*) é uma planta pequena de ramagem compacta, verde ou vermelha, muito usada para fins ornamentais. Gosta de sol direto e níveis constantes de umidade, então é uma boa escolha para seus projetos.

Araucaria

A araucária-de-norfolk (*Araucaria heterophylla*) não é uma conífera verdadeira, mas às vezes recebe o nome de pinheiro

NO ALTO: Com folhas grandes, talos fortes e eretos, o singônio (*Syngonium podophyllum*) é perfeito para jardins tropicais.

NO CENTRO: Crótons (*Codiaeum*) crescem em climas quentes, como os da Flórida ou do Brasil, e são apropriados para terrários.

ABAIXO: Esse cenário com neve contém uma araucária-de-norfolk (*Araucaria heterophylla*).

porque seus brotos têm uma forma simétrica, semelhante às dele. Como o nome indica, tem grande presença na ilha de Norfolk, pequena porção de terra no oceano Pacífico, perto da Austrália, da Nova Zelândia e da Nova Caledônia. Aguenta o ar úmido e é uma espécie apropriada para terrários florestais, paisagens de inverno com neve ou cenas com pinheirinhos de Natal.

Saxifraga

A begônia-morango (*Saxifraga stolonifera*) é uma planta pequena, com folhas arredondadas e penugem, de veios branco-prateados que surgem de uma linha central. Gosto dessa espécie, mas a minha deu um pouco de trabalho. Se as folhas estiverem úmidas, desenvolvem míldio e acabam definhando. Comecei a regar no fundo do vaso e obtive resultados melhores. Inclua a begônia-morango em aquários e recipientes abertos, para que haja menos possibilidade de a água gotejar sobre as folhas.

    A espécie se propaga por meio de um caule rastejante que tenta se enraizar e se separar da planta-mãe. Você pode ajudar no processo direcionando o caule para o ponto desejado. Mas não há problema em cortar e retirar essa parte.

ACIMA: O confete branco é um clássico. Tanto ele quanto o vermelho são escolhas perfeitas para embelezar seus projetos.

NO CENTRO: O adorável confete (*Hypoestes phyllostachya*) com pontinhos vermelhos.

NO ALTO, À ESQUERDA: Reunião de begônia-morango, *Fittonia* e *Cryptanthus*.

NO ALTO, À DIREITA: A delicada begônia-morango (*Saxifraga stolonifera*) exibe o encanto de suas folhas macias.

CAPÍTULO 5

Hypoestes

As *Hypoestes* são plantas comuns com folhas finas e delicadas que se dão bem quando o solo está úmido. A maioria delas é chamada de confete e tem folhas pintadas de vermelho, rosa ou cor de creme.

PLANTAS TROPICAIS

Peperomia

A *Peperomia* possui inúmeras variedades: algumas têm folhas lisas, outras apresentam ondulações ou listras. São fortes, duráveis e podem modificar completamente o design de seu projeto.

Uma de minhas preferidas é a *Peperomia puteolata*, com formas arquitetônicas, aparência estriada e forte. Em cada ramo do talo, aparecem de três a quatro folhas. Nos terrários, podem ser rodeadas por plantas densas para que se sobressaiam, como se estivessem em um pedestal. Fácil de cuidar, com boa taxa de sobrevivência, é bonita como todas as peperômias.

A *Peperomia obtusifolia* é uma planta charmosa de folhas lisas – além das que são verdes por inteiro, algumas têm o contorno em tons de creme, verde-amarelado ou verde-limão. Já vi uma variedade nova com um sombreado rosado, chamada de arco-íris, que rende terrários muito bonitos.

A peperômia-zebra (*Peperomia sandersii*) é uma joia com detalhes branco-prateados nas folhas. Muito elegante.

A peperômia-marrom (*Peperomia caperata*) vai por outro caminho, com folhas enrugadas de veios fundos que emergem do verticilo central. Pode fazer um belo contraste com outras plantas, deixando o projeto com visual diferente e interessante. A variedade 'Schumi Red', vermelha,

ACIMA: A palmeira-bambu (*Neanthe bella*) é uma planta bela que vive bem em terrários.

NO ALTO: Nessa caixa wardiana você encontra uma palmeira-bambu (*Neanthe bella*) alta e majestosa, as folhas amarelas de um cróton que atraem o olhar para baixo, samambaias à direita e à esquerda, unha-de-gato e um singônio enfiado na terra de nossa selva tropical. É a combinação perfeita para uma estufa.

NO ALTO: O gênero *Peperomia* é muito variado – essas folhas lisas e arredondadas deixam qualquer jardim mais charmoso.

À ESQUERDA: A *Peperomia obtusifolia* é a campeã do gênero: forte, resiliente e duradoura.

À DIREITA: A *Peperomia puteolata* é fora do comum e vai muito bem em terrários.

parece quase alienígena. Tem semelhança com a *Peperomia* 'Meridian', ou peperômia anã variegada; nessa, porém, os veios nas folhas brilhantes não são tão pronunciados.

A *Peperomia rosso* tem folhas maravilhosas de dois tons: o lado inferior é vermelho, e o superior, verde-escuro. As cores, a estrutura e a presença garantem destaque ao terrário.

Pilea

Em terrários e jardins em miniatura, também fazem sucesso as plantas do gênero *Pilea*, com folhinhas rastejantes, em muitas cores e tamanhos.

A *Pilea glauca* 'Aquamarine' é uma planta graciosa que pode formar uma cascata sobre montinhos de musgo ou sair rastejante debaixo de uma espécie maior. Combine com outras variedades azuladas ou a disponha ao lado de tons contrastantes. É excelente para forrar o solo e as laterais do terrário.

Ótima para recipientes muito pequenos, a brilhantina (*Pilea microphylla*) tem minúsculas folhas verdes e brancas em talos flexíveis. Também é chamada de planta-artilheira, porque "explode" ao espargir as sementes, com um barulho alto.

Maior, a *Pilea involucrata* é surpreendente – mas por que recebe o nome de lua-do-vale-verde é um mistério para mim. Aproveite, ainda, a *P. mollis*, uma leve variação toda verde, com folhas ovaladas e veios vermelhos.

Com visual único, o alumínio (*Pilea cadierei*) exibe veios prateados iridescentes em folhas ovaladas.

Agora você tem um guia completo com as melhores plantas para seus terrários.

ACIMA: A formosa *Pilea glauca* 'Aquamarine' é uma das plantas mais lindas para terrários. Entre seus belos atributos estão a cor cinza-azulada, as folhas pequenas e redondas dispostas em talos rastejantes e a incrível resiliência. Ela valoriza diversos projetos.

NO CENTRO: A *Peperomia caperata*, com seus veios cor de esmeralda e vinho, é a mais versátil para seu design.

NO ALTO: *Peperomia caperata* em versão branca variegada, complemento maravilhoso para qualquer terrário.

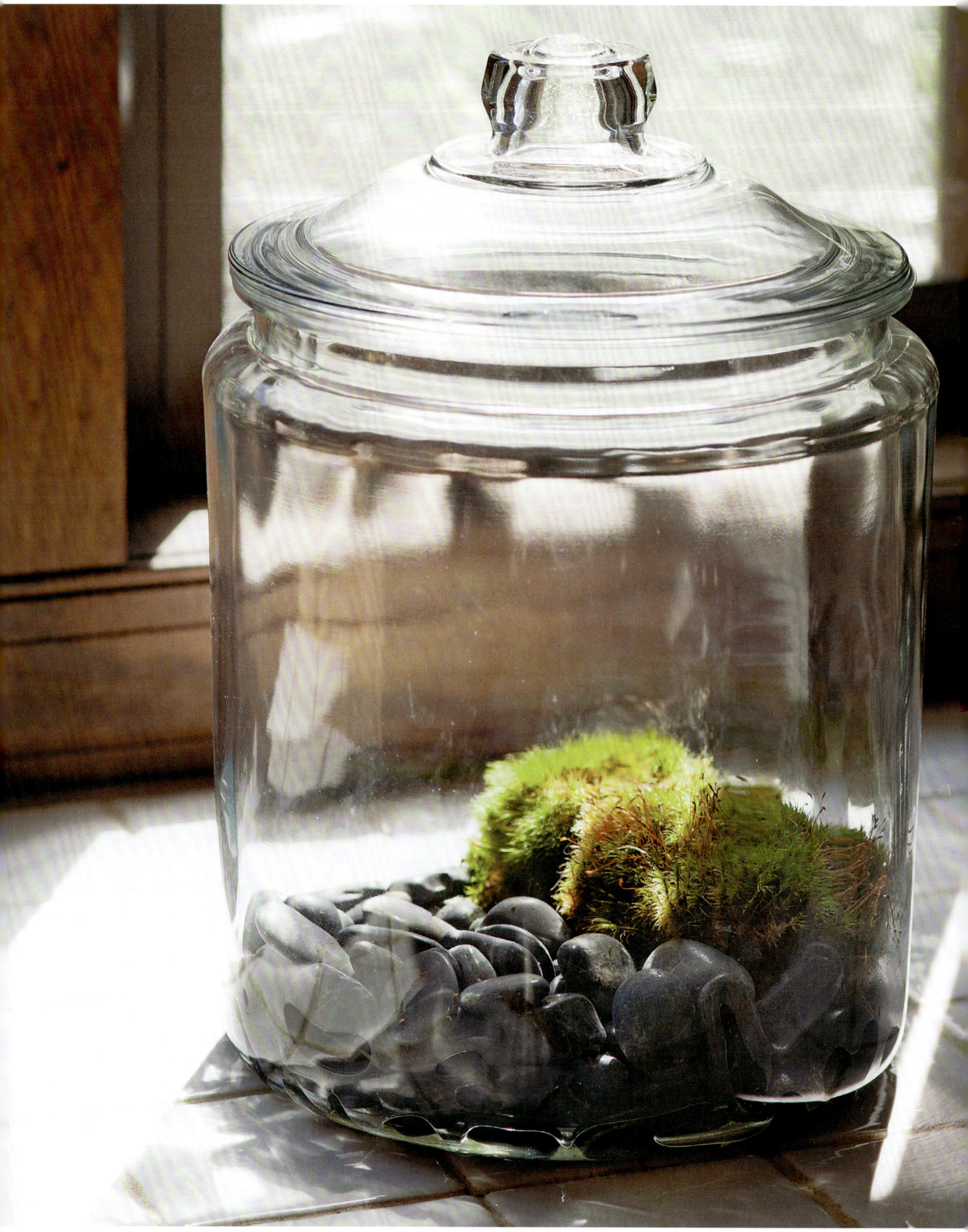

CAPÍTULO 6
JARDINS DE INSPIRAÇÃO ORIENTAL

Jardins para ambientes internos inspirados no Japão estão se tornando muito populares. Cada vez mais, blogueiros e revistas, assim como lojas especializadas, exibem kokedamas – jardins pendentes –, oferecem aulas e mostram o passo a passo das técnicas. Sugiro que você explore esse método fácil e divertido e, neste capítulo, divido algumas ideias para criar kokedamas.

Bolas de algas marimo parecem estar por todo lugar no Pinterest, principalmente em cenas aquáticas fantásticas. Então também incluí essas maravilhas naturais neste capítulo.

Meu amor profundo pela jardinagem japonesa começa com uma intensa conexão emocional com a interpretação oriental da natureza. Quero dividir minha paixão com você – e espero que, à medida que trabalhe em seus próprios projetos, ela o contagie também.

Esse musgo *Dicranum* vive sob uma redoma minúscula.

MOMENTO ZEN

Há muitos anos, mantenho sobre minha mesa um cartão com um divertido provérbio. Ele diz:
    ao caminhar, apenas caminhe
    ao se sentar, apenas se sente
    acima de tudo, não se agite
O musgo sempre soube o que fazer.

TUDO SOBRE MUSGOS

O musgo é incrível: macio, verde, sem raízes e resiliente. Passe os dedos e a palma das mãos sobre ele e sinta sua textura. Segure e sinta o peso quando está seco e depois de ter sido mergulhado na água.

Por não ter nenhum sistema verdadeiro de raízes, ele pode viver em diversas superfícies ou solos. Se você caminhar por um bosque, encontrará musgos que crescem sobre pedras, cascas de árvores, fendas de pedras e no chão. Como espécie, o musgo tem milhões de anos: existe desde as origens da Terra.

Tenho conversas produtivas com pessoas que descobriram essa planta e querem saber mais sobre ela. Em geral, perguntam: "Como mantê-la viva?". As minúsculas estruturas do musgo absorvem a luz do sol que se espreita pela copa das árvores e absorve a água da chuva, da umidade e mesmo da neblina. Temos incríveis florestas úmidas no noroeste dos Estados Unidos e rochas ancestrais, cobertas de musgo, nas matas decíduas do Canadá e no nordeste americano. Esses lugares dão uma ideia do tipo de terrário que o musgo *Dicranum* vai adorar.

Como usar musgo em designs de terrários?

Um simples santuário de musgo fica lindo na decoração. O *Dicranum* fresco – ou seja, que não está seco ou tratado – é vendido em pequenos pacotes e é muito apropriado para projetos como jardins de mesa ou terrários tradicionais.

O truque para cultivar musgo dentro de casa é dar água e luz natural na quantidade adequada. Ele precisa de mais iluminação do que você pode imaginar, pois os raios solares que passam através da janela são mais fracos do que na mata.

Durante meses, mantive em casa duas bandejas quadradas grandes repletas de *Dicranum* fresco para aprender em que condições ele viveria melhor. A cada duas semanas, eu as levava para a pia da cozinha e molhava os musgos com água corrente. Então escorria e deixava as bandejas perto de uma janela. As plantas sobreviveram e permaneceram verdes, frescas e encantadoras. É muito importante o equilíbrio entre a umidade e a circulação de ar. Um recipiente de vidro com tampa e capacidade para 3,7 litros (ver foto ao lado) tem espaço suficiente e boa circulação de ar para manter o musgo. O terrário deve ficar perto de uma janela iluminada pelo sol. Depois de cerca de cinco meses, limpei o pote com um pouco de sabão para máquina de lavar louça. Passei a planta pela água, escorri em uma grade sobre a pia e recoloquei no vidro limpo.

O musgo é um componente essencial de muitos terrários, assim como jardins internos, miniaturas, arranjos florais e bonsais.

ACIMA: Esse musgo *Dicranum* fresco sobreviveu durante meses, intocável e aparentemente feliz, sobre um leito de pedras pretas.

NO ALTO: Veja os esporófitos em formato de estrela em uma colônia de musgo *Dicranum*. Isso mostra como a planta se desenvolve e cresce aos poucos, um esporófito de cada vez.

DICAS DE ESPECIALISTA

David Spain cultiva musgos em Raleigh, na Carolina do Norte (EUA). Ele é dono da Moss and Stone Gardens (www.mossandstonegardens.com).

David, você foi fundamental para que eu aprendesse como usar e cuidar dos musgos.
Sempre quis que as pessoas apreciassem o musgo como uma planta viva que podemos e devemos usar no paisagismo e agora também em vasos ou terrários. Você é uma colega que ensina, defende e divulga os musgos. Nós nos esforçamos para melhorar nossa produção e, como fazemos com qualquer planta doméstica, dar a elas as melhores condições. Drenagem excelente e meios arenosos que escoam rápido, como os que se usam com suculentas, por exemplo, também são benéficos.

Existe alguma prática que você não recomenda fazer?
Quando as pessoas tentam o método da coalhada no liquidificador e o grafite musgo, que podem dar errado, a experiência negativa faz com que desanimem. Elas adotam uma receita que acreditam ser fácil e diferente, mas acabam se desapontando.

Por que o musgo *Dicranum* tem nomes populares diferentes?
Os nomes populares apareceram de acordo com fontes regionais e casuais. Alguns vieram do marketing, outros foram dados por botânicos que descreviam a aparência do musgo, como *windswept* [varrido pelo vento] ou *forked* [bifurcado]. Não existe um padrão para o nome popular de diferentes espécies.

Mas se um musgo é classificado entre pleurocárpico e acrocárpico, temos um panorama melhor das condições que ele prefere. Todos pertencem a uma dessas duas divisões. São categorias científicas que descrevem seu padrão de desenvolvimento. Musgos acrocárpicos, como o *Dicranum*, crescem eretos. Pleurocárpicos, a exemplo do *Hypnum*, crescem rasteiros.

O *Dicranum scoparium* é uma espécie que vive em ambientes sombreados e precisa secar regularmente para se manter livre de depósitos ou mofo – isso acontece em função da circulação de ar insuficiente e das forças inerentes à natureza. Mesmo sem o desgaste da exposição a fatores naturais, como chuva, animais e seres humanos, os musgos podem não viver para sempre em um terrário – mas quem vive? Recomendo que os recipientes possam ser abertos e ventilados regularmente, para ajudar na recuperação.

O musgo fresco pode sobreviver em um recipiente fechado?
É sempre um desafio manter os musgos em terrários, principalmente porque há muita umidade e pouca circulação de ar. Prefiro trabalhar com redomas, que podem ser removidas, ou com recipientes que

possam ser levados ao ar livre periodicamente. Meu principal conselho para lidar com um musgo que pareça não estar bem dentro de um terrário fechado é molhar menos, aumentar a ventilação ou retirar a planta e esperar que ela se recupere fora dele.

Musgos dormentes (secos) se mantêm por pelo menos trinta dias. Se você guardar em um saco plástico com fecho hermético, duram algum tempo desde que não haja umidade ou condensação – em caso de umidade na embalagem, abra-a e espere a planta secar. Na hora de usar, hidrate totalmente as colônias

Estes são meus conselhos para conservar musgos excelentes:
- *Dicranum montanum*: deixe secar regularmente;
- *Climacium americanum*: bom para qualquer tipo de recipiente, aguenta parcialmente o sol; enterre os rizoides a 2,5 centímetros do substrato;
- *Leucobryum glaucum*: apenas para vasos abertos;
- *Hedwigia ciliata*: bom para qualquer tipo de recipiente;
- *Cladonia rangiferina* (líquen): bom para vasos abertos; deixe secar regularmente e mantenha ventilado. Em terrários fechados, qualquer líquen fresco pode ser contaminado por fungos. Muitos produtos disponíveis no mercado foram tratados com glicerina e tingidos de cores diferentes e artificiais, e por isso são mais seguros para usar em terrários fechados.

Tenho um pequeno pedaço de musgo *Hypnum* guardado em um vidro fechado – e com uns tipos de "hastes" para o alto, indícios de algo errado. O que está acontecendo?
Seu musgo apresenta sinais de crescimento vertical por causa das condições de vida anormais – está longe da natureza e sujeito à condensação constante. Lembre-se de que o *Hypnum* é pleurocárpico, que cresce de maneira rasteira. É possível que haja algum musgo acrocárpico misturado a ele, como o *Dicranum*, que é o único que cresce para cima com pontas delgadas. Você pode podá-lo para que se recupere.

As pequenas hastes de cor marrom que crescem do *Dicranum* indicam o ciclo de reprodução sexual do musgo. É quando ele produz o esporófito que dispersará os esporos quando maduro. O ciclo de vida continua existindo em um recipiente fechado. ▶

NOMENCLATURA BOTÂNICA

Eis uma lição rápida sobre a nomenclatura científica – sempre em latim – para as plantas.

Dionaea muscipula é o nome científico da dioneia. A palavra *Dionaea* refere-se ao gênero, escrito sempre com letra maiúscula. A segunda palavra, *muscipula*, refere-se à espécie e deve estar sempre em letra minúscula; indica a que tipo específico de *Dioneae* estamos nos referindo. Gênero e espécie são escritos em itálico.

O nome popular da *Dioneae muscipula* é dioneia ou vênus-papa-mosca (ou vênus-caça-mosca). Se houvesse uma terceira palavra entre aspas simples depois das palavras indicativas de gênero e espécie, ela estaria se referindo à variedade do produtor (ou ao nome do cultivar).

Volte ao capítulo 1 e reveja os usos e as ideias para o aproveitamento dos musgos com folhagens. Se a espécie que estiver em seu terrário ressecar, você pode umedecê-la com a técnica do jato de água, como demonstrado no capítulo 7, "Manutenção" (p. 156).

A INSPIRAÇÃO JAPONESA

Os jardins japoneses são conhecidos por sua beleza sazonal. Eles são vitrines ornamentais para plantas, lagos e árvores floridas, todos em abundância. No Japão, um jardim tem vários significados: às vezes, contém apenas cascalho e pedras. Um austero jardim de meditação não precisa ter nenhum ser vivo. Existe também a ideia de que se trata de um lugar espiritual, um ponto de contemplação e meditação ou de honrarias a um templo religioso.

Um princípio básico do design japonês é incluir elementos (como pedras) que representam a paisagem em tamanho natural (como as montanhas). A disposição dos itens torna-se importante. Os japoneses diminuem o cenário – e o terrário transporta o jardim para um vidro. Ambos caminham paralelamente tanto na teoria quanto na criação.

Você pode recriar em seu terrário as fotos da p. 139. Primeiro, faça uma camada com musgo *Hypnum*. Pequenas mudas de clorófito serviriam para representar a grama-preta (*Ophiopogon japonicus*) que fica próxima da

ACIMA: Andei sobre esse caminho com musgos diversas vezes no John P. Humes Japanese Stroll Garden de Locust Valley, em Long Island, Nova York, para estudar e interpretar seu design. Passei horas ali aproveitando a incrível serenidade que existe entre as paredes de bambu.

DETALHE: Aqui você vê claramente o posicionamento intencional de cada pedra e pode, assim, recriar esse arranjo em um terrário. Não ficaria lindo?

À ESQUERDA: Recriei essa parte do jardim em um microambiente, em um espaço vazio, com cascalho de basalto, um grupo de pedras e uma *Dryopteris erythrosora* no meio, como um ponto verde que atrai o olhar para o sisudo conjunto rochoso. Antes de acomodar as rochas vulcânicas, passei um ancinho pelo cascalho e removi cada folha, galhinho e detrito da área. Seu arranjo deve se impor sem competir com detritos ou outras plantas. Meu palpite amador é que se trata de um grupo de pedras, sendo duas verticais – uma mais baixa e outra mais alta – e a terceira deitada na horizontal, na frente. Tem um visual autêntico e é fácil de reproduzir.

INTERPRETAÇÃO EM PEDRA E MUSGO

Por ser uma designer que admira a estética oriental, tenho a tendência de encher meus modelos de mesa com pedra e musgo. Escolhi uma configuração de rochas clássica para incluir nessa bandeja de orientação zen com plantas e seixos – ao lado, acrescentei um musgo sob uma redoma de vidro.

No lado direito da bandeja, repare no posicionamento da pedra alta com a baixa adjacente e a inclinada à frente. Também coloquei uma pequena muda de pinheiro no montinho de *Dicranum* – o musgo molhado fornece umidade às raízes da muda. Tenho a impressão de que eles podem viver assim por um bom tempo. Esse pequeno jardim pode ser guardado dentro de casa com regas e manutenção apropriadas, e vive facilmente sobre uma mesa ou em uma janela ensolarada.

A planta aérea adora ambientes livres, por isso a coloquei sobre a esteira de bambu, que contribui com sua textura. Ela também conecta a bandeja verde com o disco de pedra na lateral, como uma ponte visual que direciona o olhar. Esse conjunto está montado sobre uma mesa de ardósia e aparece, na foto, à luz da tarde.

Minha bandeja com jardim zen é descomplicada, mas ainda assim contemplativa. Você pode tomar esse conceito como base e criar diversas combinações. Acho que pode ser um enfeite adorável para uma cerimônia do chá com os amigos. As formações rochosas são usadas para criar um efeito visual prazeroso, que não perturba sua paz de espírito. Respire fundo e sinta o sol aquecer seu rosto.

Se eu tivesse usado areia de cor natural, ou *suna*, em lugar do cascalho, ou *jari*, ou teria basicamente montado uma paisagem desértica, ou *karesansui*. Em minha bandeja zen, dá para substituir os seixos por areia, que então pode ser desenhada e ganhar o acréscimo de um clássico conjunto de pedras. Nesse caso, não é preciso usar musgo.

lanterna de pedra e da rocha mais alta na vertical. Forme o caminho com cascalho branco e pedras planas. Talvez você possa comprar uma pequena lanterna de plástico para colocar sobre o musgo. Já consigo ver o jardim tomando forma.

Eis alguns exemplos de desenhos com areia encontrados em jardins de pedra japoneses, os *karesansui*. Mimetizamos o mundo em um oceano de ondas ou nas linhas da Terra.

- Linhas retas
- Caminhos de pedras entrecruzadas
- Flor
- Onda simples
- Redemoinho
- Ondas do mar
- Quadriculado
- Linhas curvas
- Linha superior reta com curva em torno de uma pedra alta vertical

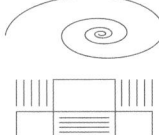

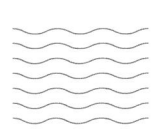

PEDRAS PARA JARDINS DE INSPIRAÇÃO JAPONESA

Essas formas específicas de pedras podem ser usadas para representar uma paisagem montanhosa e criar um autêntico jardim em miniatura de inspiração oriental, seja num vidro, seja numa bandeja.

Os formatos de pedras no design japonês podem ser descritos da seguinte maneira:
- Vertical alta
- Vertical baixa
- Arco
- Inclinada
- Chata

Estas são algumas configurações clássicas:
- Vertical alta e inclinada na frente
- Vertical alta, vertical baixa ao lado e inclinada na frente
- Vertical baixa e chata na frente
- Vertical alta, chata à esquerda e inclinada à direita, como uma tríade básica
- Vertical alta com o arco saindo à esquerda, vertical baixa à direita, chata e inclinada à frente

Jardins de areia desenhada parecem simples, e você pode achar que são fáceis de criar e manter. Mas na arte japonesa tradicional a manutenção pode ser bem demorada – e devemos entrar no jardim para realizar essa tarefa. A lição ensina que tudo o que é perfeitamente bonito na vida não chega sem esforço.

KESHIKI

Existe um mestre do bonsai no Japão chamado Kenji Kobayashi cuja filosofia de trabalho é muito parecida com a minha: reproduzir em miniatura a beleza natural das grandes paisagens da natureza. Seja para criar um caminho dentro de um jardim, uma floresta ou um leito de rio, ele fundiu conceitos com o bonsai e produziu um estilo de jardim reduzido inteiramente novo chamado bonsai keshiki. A palavra "keshiki" significa paisagem.

Estudei a arte de Kobayashi em seu livro *Keshiki bonsai*. Em um exemplo desse estilo, pequenas bolas de musgo são colocadas sobre uma placa do mesmo material em uma bandeja plana. Kobayashi sugere que o conjunto retrata a vista aérea das ilhas verdejantes na costa do Japão.

Pode levar anos até alguém dominar a arte do bonsai, mas o estilo keshiki pode ser reproduzido rapidamente com mãos pacientes e pequenas tigelas de cerâmica, recipientes reaproveitados ou bandejas planas. Os elementos, plantas e objetos, claro, são os mesmos usados na criação de terrários.

No bonsai keshiki, você usa pequenas tigelas de cerâmica com orifícios no fundo, para favorecer a drenagem. É preciso colocar uma tela fina na base da vasilha para que o cascalho não escape. Depois, encha o fundo com uma pequena quantidade de cascalho, areia e terra misturados. Alise a superfície e pressione o musgo. Se juntar uma muda de pinheiro ou bordo japonês, elimine os resíduos e enterre a planta no musgo. Assim começa seu bonsai de musgo.

Em uma pequena vasilha quadrada, tradicional para bonsai, você pode plantar grama-preta (*Ophiopogon japonicus*), musgo-pérola (*Sagina subulata*) ou musgo-do-mar (*Chondrus crispus*), excelentes opções para o keshiki. Use pedras decorativas para criar um vale estreito que corre pelo centro da cena.

Mal posso esperar para que você comece a trabalhar em seu primeiro projeto keshiki. Quando terminar, exiba o resultado sobre uma esteira de bambu, talvez enfeitada com ideogramas japoneses. Faça um chá e relaxe por um tempo, admirando a beleza individual que acabou de produzir.

KOKEDAMA

Ao pé da letra, a palavra "kokedama" significa "bola de musgo". Nessa técnica, a touceira de raízes da planta é envolvida em musgo *Hypnum* para ter a terra e a umidade preservadas. A ideia, originária do Japão, está associada ao bonsai. No método original, o substrato era modelado em uma esfera úmida, onde se fixavam as raízes. Em seguida, a bola de terra e raízes era embrulhada em musgo e amarrada com arame. Então podia ser suspensa nos chamados jardins pendentes.

ACIMA: Eis a excelência resultante de quarenta anos dedicados ao bonsai. O cedro-do-atlas (*Cedrus atlantica*) está disposto sobre um pequeno monte de musgo. O tronco foi habilmente podado, com a remoção de galhos específicos, para ficar nesse formato. Com apenas uma árvore, esse bonsai reproduz um bosque de cedros em uma colina. É um exemplo glorioso da miniaturização das paisagens naturais.

À ESQUERDA: Esse mundo de musgo do tamanho da palma da mão é originário das montanhas Catskill, no estado de Nova York. O estilo é minimalista, mas representativo das matas de onde a planta veio. A redoma retém uma grande quantidade de calor e umidade. Periodicamente, borrife o musgo ou retire-o para molhar na pia. Depois de seco, ele deve retornar para dentro do vidro. Esse terrário durou mais de um ano.

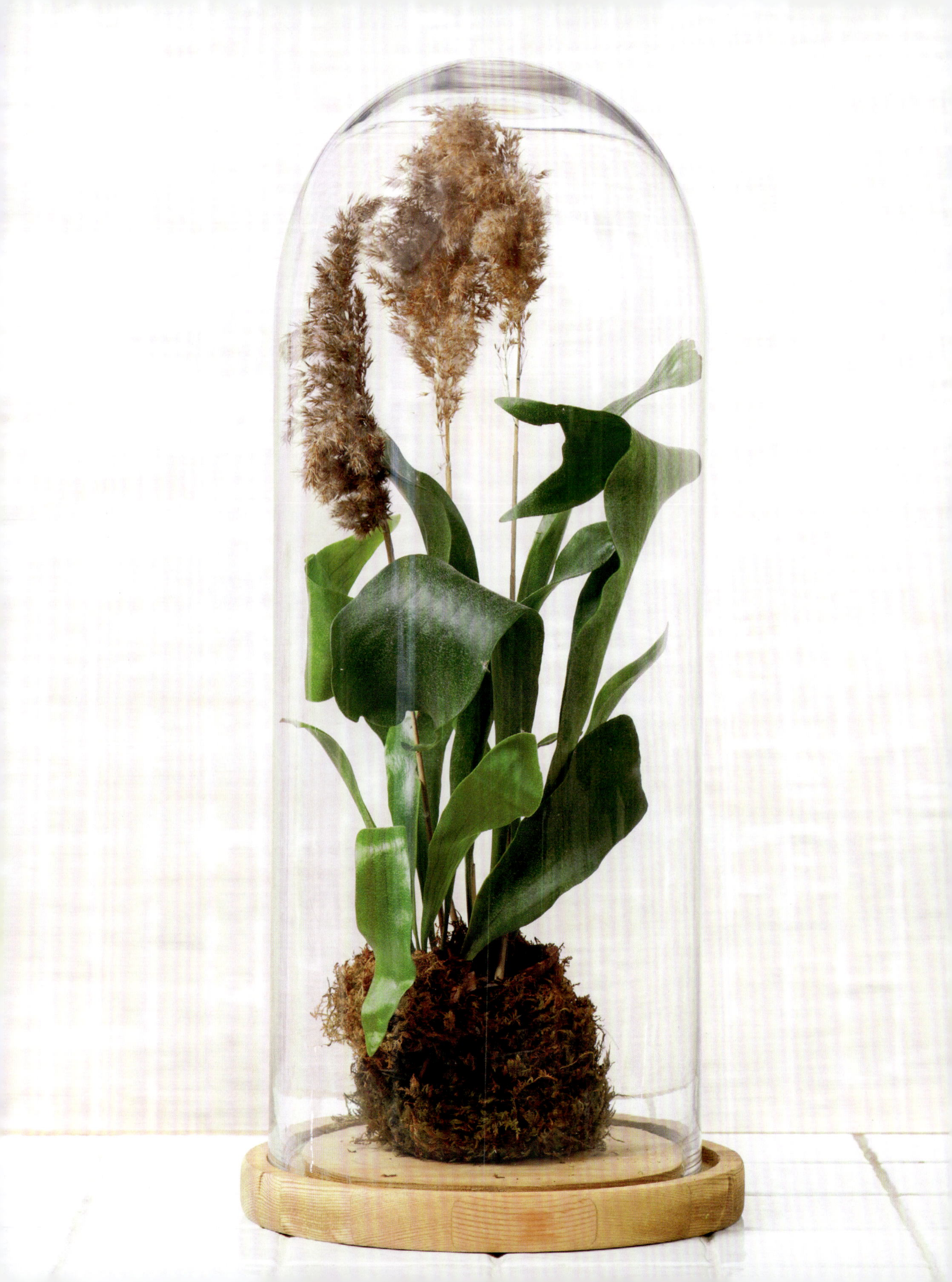

A foto na página ao lado exibe o começo da montagem de um terrário com redoma que contém um chifre-de-veado enrolado no estilo kokedama. Nele, usei uma linha de náilon transparente para prender o musgo à raiz. É uma técnica fácil. Para manter a samambaia dentro da redoma, é preciso borrifar a bola regularmente e removê-la para alguns banhos planejados fora do vidro. Ela provavelmente vai reter a umidade por mais tempo dentro do recipiente, mas não para sempre. Portanto, é necessário fazer uma manutenção com água para conservar a planta viva.

Gosto de usar chifre-de-veado (*Platycerium grande*) por causa da folhagem vistosa em forma de galhada. Minha bola ficava suspensa por um fio de náilon na janela da sala de estar.

Se não quiser pendurar o kokedama, coloque-o em uma vasilha. Transferi meu chifre-de-veado (*Platycerium grande*) para a bancada da cozinha, e ele gostou do lugar. Posso colocá-lo em uma vasilha rasa cheia de água e deixar a planta beber à vontade para ficar toda úmida. Também borrifo um pouco as folhas, de vez em quando, para combater o ressecamento provocado pelo ambiente, principalmente no inverno. Lembre-se de que o calor do forno ressecará mais rápido a planta e a bola de musgo – faça a manutenção levando em conta esse fator.

O LAR DAS BOLAS MARIMO

Há centenas de anos, um povo antigo vivia na área do lago Akan, em Hokkaido, no Japão: eram os ainos, habitantes nativos cujos descendentes são reconhecidos na sociedade japonesa atual. Desde 1950, a cada mês de outubro um festival de três dias em torno das bolas de alga marimo é promovido pelos ainos no lago Akan. No terceiro dia, o ponto alto do evento, um ancião sobe em um pequeno barco de madeira e joga, com cuidado e agradecimentos, uma de cada vez, algumas bolas marimo de volta ao lago. É um gesto simbólico que nos lembra de proteger o equilíbrio entre os elementos naturais que ainda restam na Terra e seus espíritos sagrados.

Construído na década de 1970 às margens do lago Akan, o Marimo Exhibition and Observation Center foi reformado nos anos 1990 e hoje apresenta vários recursos para promover a importância ambiental e científica das bolas de alga marimo, além de conduzir pesquisas a respeito da proteção e da propagação da espécie.

Pesquise o trabalho de outros artistas envolvidos com kokedama. O holandês Fedor van der Valk começou a projetar jardins pendentes em 2011. Procure websites com imagens de suas bolas envoltas por musgo e suspensas no ar com plantas em flor: são instalações artísticas impressionantes. As bolas de samambaia são arrojadas e inspiradoras. Encontro ideias e estímulo ao ver obras de pessoas como Van der Valk, parto do que fizeram e adapto as ideias deles para minhas criações. Estimule seu espírito criativo kokedama.

Cada vez mais lugares oferecem aulas de kokedama. Verifique algumas lojas de jardinagem da sua cidade e informe-se – tenho certeza de que vai se encantar com as possibilidades. E sempre vale conferir as redes sociais e o passo a passo do "faça-você-mesmo" em sites e blogs, além, claro, dos programas educativos para adultos em jardins botânicos.

BOLAS MARIMO

Conhecidas como "marimo" no Japão, essas bolas adoráveis são feitas, na verdade, de alga (*Aegagropila linnaei*). A palavra marimo deriva dos termos japoneses "mar" (bola saltitante) e "mo" (planta subaquática). As suaves correntes do lago mantêm o marimo verde e redondo à medida que ele bate no leito. Ele também é encontrado na Islândia, Escócia, Estônia e provavelmente na Austrália. No Japão, as bolas marimo são consideradas um tesouro nacional e protegidas contra a extinção.

Esse é um projeto fácil que leva poucos minutos para ficar pronto. Em um recipiente de vidro que caiba na mão, coloque conchas e uma bola marimo pequena. Então o encha de água – use, de preferência, água destilada ou da chuva (livre de substâncias químicas). O projeto pede apenas um cuidado a cada duas semanas: trocar a água. Role a bola marimo nas mãos e a esprema antes de recolocá-la no vidro com água limpa e fresca.

Cuidados com a bola marimo

- Requer pouca manutenção.
- Deve ficar exposta à luz intensa.
- A temperatura da água deve ser fria.
- Precisa ser enxaguada e lavada pelo menos uma vez por semana. (Você pode usar água da pia, mas a destilada e da chuva são melhores.)
- É necessário apertá-las com as mãos para manter a forma redonda.

JARDINS FLUTUANTES

Um terrário com água é um projeto divertido – além de um jeito novo e curioso de ter plantas dentro de casa. O efeito remete à vida mais rústica, recém-saída da natureza.

Deixar a raiz flutuar e tornar-se parte do design é um novo modismo que avança em relação à ideia do clássico vaso cheio de terra. Também nos permite pensar no terrário sob outras perspectivas. A palavra "terrário" evoluiu para um termo elástico que descreve qualquer arranjo de plantas dentro de um vidro.

Aqui, meus recipientes se parecem um pouco com os vidros de laboratório que acomodam projetos científicos.

Com formas diferentes, a alface-d'água e as bolas marimo desse modelo são incomuns por natureza. Gosto desse conceito, mas meu experimento aquático poderia ter incluído outro elemento, como um leque artificial de corais, para ocupar o espaço. (Lojas de aquários e alguns pet shops são um bom lugar para procurar réplicas de plástico.) Água destilada ou da chuva sustentam a sobrevivência das plantas; você também pode usar um pouco de carvão ativado para manter o líquido fresco. Nesse projeto, incluí bolas marimo, mas é possível mantê-lo mais simples – com apenas uma planta flutuante, a exemplo do aguapé, ou sem as pedras – para exibir as espécies em um ambiente mais límpido e cristalino.

Alface-d'água (*Pistia stratiotes*) é um nome apropriado para essa planta flutuante parecida com algo que se come na salada. Combina muito bem com bolas marimo.

PASSO A PASSO DO JARDIM FLUTUANTE

1. Acomodar a alface-d'água (*Pistia stratiotes*) flutuante foi uma experiência nova para mim. Como você cria um modelo com plantas que se movem? Não é muito fácil. Lutei para posicioná-las até finalmente desistir: deixei que elas me dissessem onde deveriam estar. Gosto de ver os fiozinhos das raízes abaixo das folhas verdes estriadas sob a superfície da água.

2. Aqui, uso as duas mãos para segurar e colocar a planta no vidro. As bolas marimo flutuam ao entrar na água, pois ainda não estão saturadas. Pode levar um tempo até que você consiga empurrá-las com um pauzinho e dispô-las no local desejado. A alface-d'água, por sua vez, flutua imediatamente.

3. O resultado tem um visual onírico e surreal. Esse terrário pode não durar para sempre, mas é tão divertido que a expectativa de vida não importa. Quando você olha por cima para o vidro à esquerda, a água parece escura, porque as pedras são pretas. Sugiro então que o coloque em algum lugar na altura dos olhos, onde o sol brilhe através da água.

Você pode experimentar diversas plantas aquáticas para obter modelos inusitados. Com os raios de sol cintilando através do líquido, seu jardim flutuante pode se tornar o centro das atenções. A vida botânica na água revela o espírito de suas raízes e sua força essencial.

Sugestões de plantas para jardins flutuantes

- Alface-d'água (*Pistia stratiotes*)
- Papiro-do-egito (*Cyperus papyrus*)
- Sombrinha-chinesa (*Cyperus alternifolius*)
- Malmequer-dos-brejos (*Caltha palustris*)
- Aguapé (*Eichhornia crassipes*)
- Cavalinha (*Equisetum hyemale*)
- Sagitária (*Sagittaria australis*)

Manutenção mínima

Você precisa trocar a água e, talvez, substituir as plantas caso a alface-d'água não resista ao ambiente interno da casa. Sugiro deixar esse arranjo exposto à maior quantidade de sol possível. A alface-d'água cresce em lagos sob o sol intenso do verão, e viver em lugares fechados acaba sendo um desafio.

Conclusões

Experiências nem sempre dão certo, mas isso faz parte da jornada e – espero – da diversão. Explore as técnicas distintas utilizadas por artistas diferentes de vários lugares do mundo. Comece trabalhando com o material que tem disponível.

Jardins de inspiração oriental se relacionam com muitos aspectos de nosso cotidiano. Temos vontade de decorar os ambientes onde vivemos; temos o desejo de ser elegantes, modernos e estar atualizados com os estilos e as ideias mais recentes; temos a curiosidade de aprender coisas novas e a aspiração de passar nosso tempo livre relaxando com atividades artesanais recreativas. Uma planta, um vidro e uma ideia podem satisfazer tudo isso. Desejo a você muitas horas de atividades verdejantes com suas novas habilidades!

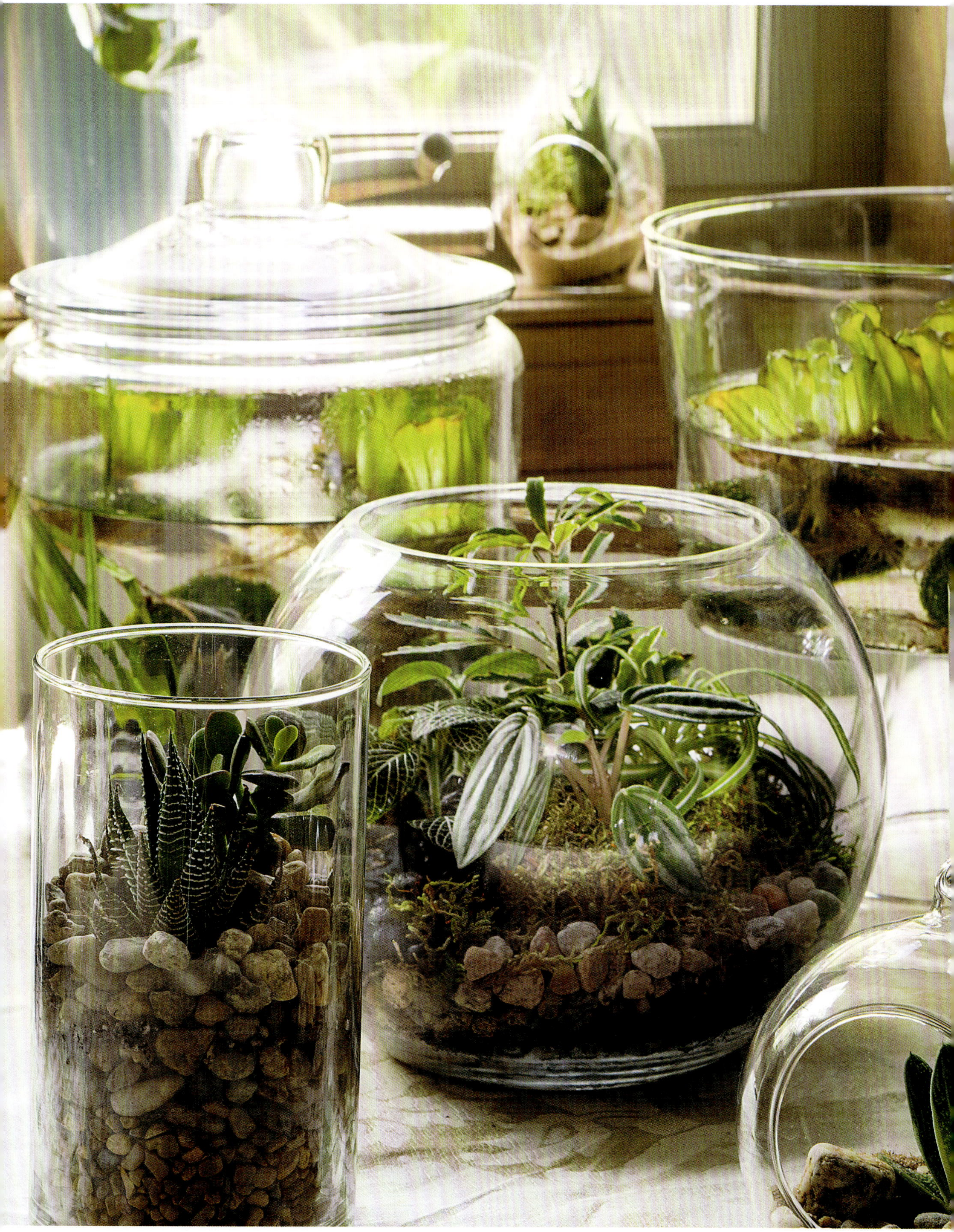

CAPÍTULO 7
MANUTENÇÃO

As plantas de um terrário requerem algum cuidado? Bem, muito pouco, mas, já que você investiu sua energia criativa na montagem desses fabulosos jardins em vidro, é melhor que eles prosperem.

Sou uma daquelas pessoas que pensam em plantas 24 horas, sete dias por semana. Mas tenho certeza de que nem todo mundo passa o tempo todo obcecado por sua coleção. A não ser, talvez, alguns de vocês.

Quando levar uma nova espécie para casa, dedique um tempo para descobrir suas necessidades básicas.

- Ela naturalmente cresce no deserto? Em florestas úmidas? Pântanos?
- Fica dormente durante alguma estação?
- Gosta de estar molhada? Seca? Úmida?
- Precisa de ventilação?
- Adora ambientes quentes e úmidos?
- Prefere uma iluminação forte e indireta ou a luz intensa do sol?

O ideal é formar um pequeno arsenal de informações sobre os cuidados necessários para cada planta. Nossos recipientes estão repletos de seres vivos saudáveis, e queremos que se desenvolvam e fiquem lindos. Veja como fazer isso.

IDENTIFIQUE AS PLANTAS

Se possível, peça ao vendedor para identificar as plantas. É útil saber de que tipo são. Caso ele não saiba, existem vários aplicativos que você pode baixar em seu celular ou computador para ajudá-lo. Outra opção é entrar em contato com alguma cooperativa de plantas ornamentais ou departamento de agricultura local. Muitos jardins botânicos também têm serviços de informação a respeito de plantas para responder às questões do público. Se você mandar um e-mail, anexe uma foto digital da planta, pois isso faz com que o processo de identificação seja mais rápido. Você não precisa ser um especialista naquela espécie – nem mesmo conhecer seu nome científico completo.

Com a identificação em mãos, você pode começar a montar um terrário que as plantas vão amar durante um longo período, pois estarão em seu ambiente correto. Elas são como seres humanos: têm necessidades e predileções. E gritam quando precisam de alguma coisa. Com o tempo, você aprenderá a se perguntar: será que as plantas estão com sede, doentes ou estão bem?

SOLUÇÃO DE PROBLEMAS

Com meu conhecimento e meus anos de experiência, levo vantagem. Mas desenvolvi um método que uso automaticamente e que pode ser chamado de "inventário visual". Não demora para aprender, e com ele você será capaz de identificar, rapidamente, quais são as necessidades da planta. Eu apenas junto umas poucas pistas detalhadas, como Sherlock Holmes.

Responda a algumas perguntas básicas sobre os cuidados com as plantas:

- A terra está mais clara do que quando o projeto foi montado?
- Alguma planta está virando para o lado?
- Existe uma substância branca algodoada no lado inferior das folhas ou em qualquer fenda da planta?
- Existem gotas de água sobre as plantas ou nas paredes do vidro?
- As laterais do recipiente estão cobertas por gotas de água?
- Há algum inseto preto voando pelo terrário?
- As plantas apresentam folhas amarelas, secas, mortas ou pretas?
- Algum talo está muito fino e crescendo para o alto?

Vamos esclarecer cada situação.

A terra está mais clara do que quando o projeto foi montado?
Quando você planta e constrói o terrário, o solo provavelmente estará úmido, com tonalidade marrom-escura. Mas a umidade pode evaporar, principalmente em vidros abertos – quando isso acontece, a terra fica mais clara e indica que precisa de mais água. O texto sobre métodos de hidratação (p. 156) explica como regar o terrário sem saturar as plantas.

Alguma planta está virando para o lado?
As plantas procuram naturalmente a luz, sejam raios solares, sejam lâmpadas brilhantes. Quando crescem voltadas para o sol, há quatro situações possíveis: em direção leste, oeste, norte e sul.

- A exposição solar a leste vem dos raios solares da manhã, fortes, quentes e que se movem rapidamente.
- A exposição solar a oeste pode ser muito intensa, principalmente nos meses de verão, quando os dias são mais longos e a luz solar bate forte por mais tempo.
- A exposição solar ao norte tem a menor quantidade de sol – pode ser que sua casa ou seu escritório só receba claridade nas janelas voltadas para essa direção.
- A exposição solar ao sul pode ser a condição mais favorável, com luz forte incidindo sobre o cômodo em boa parte do dia.

Plantas que recebem luz apenas de uma direção vão, aos poucos, voltar-se para esse lado. Você deve virar o terrário de vez em quando para que as espécies cresçam uniformemente, mantendo o arranjo atraente. Giro frequentemente meus terrários e meus vasos para que todos os lados das plantas sejam beneficiados pela fonte de luz, podendo assim se desenvolver corretamente.

Existe uma substância branca algodoada no lado inferior das folhas ou em qualquer fenda da planta?
Em minha experiência, a cochonilha-farinhenta não aparece normalmente em terrários – mas a natureza sempre dá seu jeito. O inseto deixa folhas ou fendas brancas, com aspecto algodoado. Em um jardim com plantas muito próximas,

talvez seja melhor remover a espécie infestada para proteger as outras. A cochonilha-farinhenta gosta particularmente de planta-jade (*Crassula ovata*) e se alimenta de suas folhas suculentas. Se vir um inseto, ou uma colônia deles, pegue uma haste com pontas de algodão, mergulhe em álcool e depois esfregue nos insetos para removê-los. Para se livrar da praga, repita o processo a cada semana, inicialmente, e depois uma vez por mês.

Existem gotas de água sobre as plantas ou nas paredes do vidro?
A umidade é amiga e inimiga do terrário. Verifique constantemente a condição de seu arranjo e mantenha o equilíbrio: nem muita, nem pouca água. Mofo ou outros fungos podem aparecer em jardins totalmente cobertos caso o nível de condensação aumente e comece a "chover" lá dentro. Seu ecossistema fechado não tem nenhum orifício para ventilação ou para drenar a água acumulada, assim, se houver formação de líquido, passe um pano nas laterais internas ou abra a tampa e deixe o terrário "respirar" um pouco.

Há algum inseto preto voando pelo terrário?
São fungus gnats [mosca-dos-fungos ou mosca-dos-viveiros] – realmente desagradáveis –, bichinhos que parecem se materializar do nada. Adoram a umidade e se alimentam de detritos putrefatos. A melhor defesa é manter o terrário livre de folhas mortas ou talos deteriorados, e, se precisar abrir a tampa ou secar um pouco a terra para reduzir a população dos insetos, faça isso (sempre é possível molhar mais depois). Procure armadilhas ou repelentes adesivos em lojas de jardinagem e coloque-os dentro do vaso, para capturá-los – eles atraem os bichinhos e os prendem na superfície adesiva. Se os insetos vencerem, porém, desfaça o terrário e remonte com terra e plantas novas.

As plantas apresentam folhas amarelas, secas, mortas ou pretas?
As folhas reagem às suas condições mudando de cor. **Amarelas** em geral refletem um solo ressecado. Quando a folha fica amarela, não volta a ser verde, então é preciso removê-la. Verifique a terra com os dedos: se estiver seca, aplique jatos de água com o borrifador, direcionando ao redor do perímetro

interno do vidro e, em caso de solo muito seco, também na raiz das plantas. Não borrife levemente, pois isso não beneficia diretamente as raízes.

Folhas **secas** ou **mortas** podem ter caído por si só, pois o sol se move durante as estações e em alguma fase seus raios diretos podem ter atingido o terrário e assado as folhas. Transfira para algum lugar protegido.

Folhas **pretas**, principalmente se estiverem empapadas, indicam que há pouca luz e muita umidade, o que impede as plantas de produzirem folhas verdes. Remova-as imediatamente e verifique o interior do terrário: limpe as folhas decompostas, retire o musgo e revolva a terra com um garfo, para aerá-la. Você pode ainda levar o terrário para um lugar mais iluminado, para que as plantas realizem fotossíntese.

Algum talo está muito fino e crescendo para o alto?

Às vezes, isso indica que a planta procura a luz, que pode estar distante – assim, ela sobe muito, fica fina e curvada. Algumas vezes a planta – por exemplo, as lágrimas-de-bebê (*Helxine soleirolii*) – recebe luz do sol apenas do alto, o que faz com que cresçam rápido e cada vez mais para cima. É melhor controlar essa situação, porque rapidamente as plantas podem ficar grandes demais para o recipiente. Terrários sobrevivem em ambientes onde a luz do dia deixa o aposento iluminado. Coloque-os em uma mesa, prateleira, escrivaninha ou balcão longe das janelas, mas onde possam receber luz. As plantas não devem ser incentivadas a crescer rápido, mas apenas a sobreviver sob as condições de iluminação adequadas.

Agora, você é um competente inspetor de terrários. Precisa apenas dar uma olhada no seu para ver se ele segue bem sem você.

MÉTODOS DE HIDRATAÇÃO

Se – ou quando – for necessário molhar as plantas, o procedimento é simples.

Um borrifador de plástico é a ferramenta mais importante para hidratar seus terrários ou a maioria dos projetos e espécies que ficam dentro de casa. Você pode regular o bico de duas maneiras: para uma borrifada leve ou um jato de água mais forte. Qual deve ser usado, e em que situações?

Sabemos que aquários fechados produzem mais condensação e devem ser secados frequentemente com um pedaço de papel-toalha. Vidros de boticário e potes de mantimentos com tampa geralmente mantêm um nível estável de umidade. Em seis a doze meses, talvez seja bom dar algumas

ACIMA: A imagem mostra o jato de água perfeito e poderoso que você pode direcionar às raízes usando um borrifador. Plantas aéreas preferem um pouco mais de névoa. Quando adicionar água, não a use sobre as plantas, como faria com uma mangueira de jardim. É preciso direcionar a água com precisão para não correr o risco de estragar o design do terrário.

ACIMA, À DIREITA: Aqui você vê uma borrifada mais difusa, com spray, para umedecer amplamente o musgo ou a terra. Sugiro não borrifar um terrário fechado, pois a umidade vai naturalmente se reciclar e provocar condensação. Mas um recipiente sem tampa se beneficia de um pouco de névoa de tempos em tempos – principalmente se for todo aberto, como uma floreira.

À DIREITA: Em terrários abertos, de vez em quando você precisa dirigir jatos de água à raiz das plantas. Com intervalo de alguns meses, também pode borrifar para refrescar as folhas. Até as suculentas merecem uma borrifada uma vez por mês, no verão, ou se houver ressecamento no inverno por causa do aquecedor da casa. Lembre-se de que as plantas vêm da natureza, onde chove – a não ser em desertos extremos.

espirradas de água, caso o solo esteja mais claro. Tenho um pote de alimentos com vedação de plástico na borda, e isso mantém o terrário selado. O musgo *Dicranum* e o *Cryptanthus* que ficam ali cresceram, mas ainda se acomodam no espaço dentro do vidro. De vez em quando, abro o pote e espio essas maravilhas da natureza. Já faz quatro anos, e nunca precisei molhar. Fico impressionada.

Recomendo uma técnica de hidratação alternativa para vasos cilíndricos ou quadrados. Em recipientes compridos e finos, você pode usar um funil longo que atinja a superfície do solo e a base da planta (acima das raízes). Goteje pouquíssima quantidade de água – cerca de 30 mililitros. Quando a terra absorver um pouco do líquido, veja se é suficiente. Caso contrário, repita a operação. Esse é um jeito fácil de controlar o volume de água e permite que você vá direto ao local desejado.

Ter me tornado designer de terrários mudou a maneira como cuido de minhas próprias plantas. Agora, reflito melhor sobre o ambiente selvagem onde elas naturalmente vivem: lá fora, o vento fustiga as folhas, o sol as resseca e os insetos se alimentam delas.

Nossas casas, portanto, são recintos estéreis quando comparados ao que as plantas aguentam na natureza. Acredito que o fator mais importante a ser levado em conta quando se cuida de um terrário é lembrar que, ao ar livre, as plantas são molhadas pela água da chuva. As folhas tomam banho e absorvem a umidade pela superfície. Então ando pela casa com um borrifador e crio uma névoa sobre muitas plantas, para que suas folhas absorvam a umidade.

Periodicamente, até molho minha figueira-lira (*Ficus lyrata*) de 1,5 metro debaixo do chuveiro. Embrulho o vaso e a terra com um saco plástico, para não encharcarem, e deixo cair água morninha. Quase posso ouvir a planta dizer: "Aaahhh, obrigada".

ACIMA: Plantas aéreas (*Tillandsia*) se beneficiam de uma boa borrifada de água. Na foto, apenas uma porção da espécie está submersa. Para lavar de verdade, mergulhe a planta toda na água. E lembre-se de chacoalhá-la bem antes de colocar sobre um pedaço de papel-toalha para secar.

NO ALTO: Terrários desérticos também devem ser regados – porque todas as plantas precisam de água. Esguiche ao redor da planta, assim a água alcança as raízes. Vasos com cactos e suculentas podem ser hidratados nos meses de verão.

TRANSPIRAÇÃO E CONDENSAÇÃO

Vimos que terrários são ecossistemas fechados. A umidade evapora das plantas e do solo e se condensa na tampa ou nas laterais do vidro. A água fornece aquecimento e umidade para que as plantas possam crescer. Isso reproduz nossas condições atmosféricas, as águas do oceano e a dissipação da chuva. Esse ciclo é crucial para a existência.

Ventile os terrários fechados por uma ou duas horas abrindo a tampa de um dos lados para permitir que um pouco da névoa e da umidade escapem. Os vidros intensificam o calor – que, por sua vez, pode aumentar a condensação.

Aquários com tampa são os recipientes que mais transpiram – seu formato favorece o excesso de umidade. Sem tampa, porém, caso estejam em um ambiente aquecido e seco, precisam ser hidratados com borrifadas leves a cada duas semanas, pelo menos. Eis um guia rápido:

Um pouco de névoa, tudo bem, mas o acúmulo excessivo de água pode criar fungos, podridão e deterioração das plantas. Por que esperar isso acontecer? Limpe o vidro delicadamente para não incomodar ou quebrar as espécies. Em terrários fechados, o processo de condensação começa assim que a tampa for recolocada.

Aquário aberto	Borrife a cada duas semanas com jato leve
Aquário fechado	Não molhe; limpe o vidro com papel-toalha toda semana
Vidro de boticário	Mantenha a umidade equilibrada; não é preciso molhar
Pote com tampa	Pode precisar de água a cada três a seis meses
Redoma	Limpe com papel-toalha; se houver uma única planta, molhe uma vez por mês
Caixa wardiana	A maioria tem uma janela que pode ser aberta temporariamente
Globo de vidro	Apenas borrife (sem jatos)

CAPÍTULO 7

PODAR E RECONSTRUIR

Poda

Nos terrários, muitas plantas se desenvolvem gradualmente – o processo é retardado pelo tamanho dos recipientes e pela falta de exposição direta ao sol. Fertilizar a terra, além de desnecessário, incentiva o crescimento rápido em um ambiente apertado.

De vez em quando, porém, pode ser necessário podar. Se um galho, folha ou trepadeira crescer mais do que você achar bonito, basta cortar. Plantas são capazes de se desenvolver bastante e enlaçar as vizinhas ou pressionar o vidro do terrário. É preciso minimizar as duas situações. Algumas espécies, como a *Fittonia verschaffeltii*, podem sufocar e afetar a saúde de outras plantas, cobrindo suas folhas ou demais partes e às vezes até impedindo que o jardim inteiro seja banhado pelo sol. Se as folhas encostarem muito nas laterais do recipiente e estiverem frequentemente molhadas, podem desenvolver fungos e contaminar o ambiente.

Podar também ajuda as plantas a crescerem fortes. O design do terrário se mantém o mesmo se, periodicamente, você podar uma trepadeira ou uma espécie que cresce mais rápido que as demais. A manutenção, assim como o sucesso de um terrário, está nos menores detalhes: toda pequena tarefa conta. Às vezes basta remover uma folha do talo mais longo do singônio (*Syngonium podophyllum*) ou a ponta ressecada de uma trepadeira, como a da unha-de--gato (*Ficus pumila*).

Use tesouras com lâminas longas ou os dedos polegar e indicador para segurar e quebrar o talo ou a folha com as unhas. Em um terrário de boca estreita, quebre o pedaço desejado, deixe cair e retire com uma pinça.

Vamos ver agora o que precisa ser reparado e qual é a manutenção adequada para cada uma das plantas na foto da p. 160:

- As raízes do singônio (*Syngonium podophyllum*), à esquerda, estão saindo do vaso. Eu as podaria antes de plantá-lo no terrário.
- A *Echeveria*, a próxima à direita, não recebeu luz suficiente. As folhas embranqueceram e a planta perdeu a forma de sua roseta central perfeita. Coloque-a em uma janela ensolarada, voltada

Esse conjunto heterogêneo de plantas problemáticas precisa ser recuperado ou descartado, e não utilizado em seu novo terrário.

para o oeste, e espere até que fique verde de novo – mas pode ser que não seja mais perfeita para o modelo de terrário escolhido.

- A terceira planta a partir da esquerda é uma *Peperomia obtusifolia* com maravilhosas folhas macias e um padrão de crescimento em camadas. Por insuficiência de luz, um ramo ficou minúsculo e atrofiado. Recomendo cortá-lo, deixando as quatro folhas saudáveis na camada de baixo. Isso vai encorajar o desenvolvimento saudável da haste.
- A quarta, uma miniplanta, *Graptopetalum*, cresceu mais do que devia. Perdeu a estrutura firme de roseta e as pequenas folhas suculentas não parecem saudáveis. Além disso, pode subir ainda mais e ficar muito grande para o terrário.
- A *Pilea glauca* é excelente para terrários – mas essa cresceu fraca e não sofreu podas constantes, ficando com tal aparência. Pode os talos para que engrossem e se fortaleçam mesmo dentro do terrário; isso vai ajudar.
- Na fileira de trás está uma samambaia-americana (*Nephrolepis exaltata*). Normalmente é bem cerrada, mas essa está sem volume. Tentei evitar que perdesse a folhagem e a forma ou que ficasse escura, mas falhei. Se essa planta ressecar, mesmo que um pouquinho, as folhas ficarão marrons. Apesar de sua beleza delicada, não é a samambaia que eu escolheria para um terrário. Se for plantá-la, use-a apenas temporariamente e troque quando começar a mirrar.
- Por fim, a *Selaginella*. É uma de minhas plantas favoritas, mas também tem sido um desafio aprender sobre sua manutenção. Consegui cultivá-la com sucesso no lugar e no recipiente certos, mas sem ter feito nada de extraordinário. Criar ou reproduzir esses requisitos dentro de casa nem sempre é fácil.

Reconstrução de terrários

Essa tarefa pode ser comparada à reforma de uma casa. Você pode mudar apenas uma coisa ou desmontar tudo e partir de novo do solo.

Para reconstruir um terrário, siga estes passos:

- Retire a cobertura.
- Puxe as plantas para tirá-las.
- Remova os detritos ou as pedras soltas da camada superior do solo.
- Revolva a terra com um garfo e aperte para compactar.
- Separe os novos ingredientes básicos.
- Escolha plantas saudáveis.
- Comece a plantar e montar o novo terrário.

Primeiro use uma concha de cozinha pequena para remover *delicadamente* todas as pedras, seixos ou cascalho. Retire pedaços de musgo, casca de pínus e outros elementos decorativos, como uma cadeira de madeira ou um sapo de plástico. Limpe o terrário até restar apenas o substrato e verifique se ele está livre de mofo ou outros fungos. Se perceber uma presença mínima de material fúngico, é melhor trocar toda a terra. Agora você tem uma "tela em branco". Talvez uma parte da cobertura possa ser reaproveitada em lugares diferentes ou você queira formar uma pequena colina de terra em uma das laterais do vidro.

Se absolutamente tudo foi retirado do vidro, lave-o com detergente neutro, enxágue e espere secar completamente.

É possível que você precise apenas substituir uma planta morta e que consiga retirá-la com uma colher; um garfo pode ser útil para extraí-la, caso esteja muito enraizada. Sempre elimine os detritos que houver e cave o buraco um pouco mais fundo – ou retire um tanto de terra – para acomodar a nova planta.

Coloque novas ideias em prática: insira coberturas diferentes e crie paisagens únicas que ainda não haviam sido exploradas. Você é um designer de terrários experiente: volte a criar!

AGRADECIMENTOS

Um agradecimento caloroso vai para meus maravilhosos amigos de sempre, Arlene e Everett Smethurst, para quem conto cada detalhe de minha vida e que respondem com ideias e sabedoria. Eles são muito importantes para mim. Everett, ex-editor de arquitetura na John Wiley & Sons Publishers, foi fundamental para que eu conseguisse meu primeiro trabalho editorial na Wiley e me ensinou a valorizar a criação de um livro.

Obrigada a minha cunhada e melhor amiga, dra. Jan Charlton, PhD, que leu cada capítulo com uma caneta vermelha na mão. Sem ela, minha vida simplesmente seria incompleta.

Agradeço a minha *caríssima* amiga Rosanna Chiafolo Aponte, outra siciliano-americana, profissional da área de livros e autora de três títulos, como *Bella fortuna*. Nós nos conhecemos numa festa de trabalho, em Nova York, e hoje somos muito importantes uma para a outra.

A Carolyn Stiman: como agradecer alguém que faz você mudar do "não consigo fazer isso" para "estou fazendo isso"? E ainda segura sua mão. Você mudou minha vida. É algo muito poderoso de se fazer por alguém, e agradeço imensamente a você.

Existem vários profissionais no Jardim Botânico de Nova York a quem preciso agradecer porque nunca teria me tornado uma designer de terrários sem a ajuda deles.

Obrigada a Richard Pickett, vice-presidente de vendas, por criar o espaço onde posso fazer a mágica acontecer. Seu apoio me trouxe até aqui.

Obrigada a Margaret Csala, diretora de vendas, por promover cada um de meus projetos e me dar o tempo livre de que eu precisava para colocar essas palavras no papel. Magnífica.

Obrigada a John Suskewich, o agente que escreve na quarta capa do livro e que me prometeu uma grande noite de autógrafos, coroada com muçarela de búfala e prosciutto. Sua perspicácia sobre a criação de um livro foi muito valiosa.

Obrigada, Paula Campbell-Rabe, gerente de compras, por encomendar cada item maluco de mercadoria que pedi. Valeu! Agradeço pelos produtos que me ajudaram a criar essa grande coleção de trabalhos.

Meredith Counts, diretora de licenciamento, por usar meus designs no website de nossa loja e nos pôsteres do Jardim Botânico de Nova York.

Mariane Garceau, nossa compradora de plantas, por descobrir onde estava exatamente o que eu queria – e que eu não me cansava de pedir.

Susie Eldridge, por se juntar ao projeto e me colocar em destaque no blog da NYBG Shop!

À equipe da loja: Lynn Signorile, Connie Crean e Tiffanie Green, pelo apoio e por serem ótimas pessoas com as quais trabalhar todos os dias.

Por fim, mas certamente não menos importante, a Michael Sylvester, diretor-assistente de atendimento aos visitantes do NYBG e meu melhor cliente. Michael, você compra meus terrários para toda a sua família e para os convidados ilustres do Jardim Botânico – e ainda mantém alguns modelos em sua mesa de trabalho. Gosto demais de nossa amizade. Um dia vamos abrir aquela "Terrarium-Aquarium Shop". Não é algo incrível para imaginar?

Obrigada a duas mulheres muito especiais que me ajudaram nas tarefas editoriais quando me senti soterrada pelo trabalho: Shari Winard, que me deu dicas sobre como apresentar o vasto mundo das redes sociais para os leitores e organizou meu Twitterverse. Acesse o blog dela.

E a Amanda Dornburgh, escritora iniciante que preparou o Glossário e a seção sobre fornecedores.

À Cool Springs Press e Billie Brownell, minha editora: foi uma sorte tremenda mandar minha proposta de livro para você. Você viu algo especial no meu trabalho e acreditou em minha habilidade para produzir esta obra inspiradora sobre projetos de jardinagem doméstica. Obrigada por me escolher para escrever estas palavras e por me manter no caminho.

Um enorme agradecimento vai a Lori Adams, de Hopewell Junction, Nova York, fotógrafa que conheci na Garrison Art Fair de 2012. O destino nos aproximou de novo em uma tarde quente em junho de 2014, quando liguei para Lori querendo discutir o projeto de um livro. Ela viu meu portfólio e respondeu imediatamente: "Sim". Lori trabalhou mais do que eu jamais poderia imaginar. Foi paciente e muito dedicada em obter as fotos exatas, mesmo tendo que clicar várias vezes. Amo a capa deste livro; você a deixou perfeita. Obrigada, Lori. Confira o site, os livros e o talento dela em: www.loriadams.photoshelter.com.

DEDICATÓRIA

Para Daniel L. Hyman, meu amado marido, por tudo que faz por mim, todos os dias, e que me dá a graça de imaginar o que pode ser. E Smudgie, minha querida gatinha, que adotamos e concordou em viver conosco. Daniel, eu simplesmente nunca teria escrito este livro sem você. E ainda carregou nosso carro com uma quantidade incontável de plantas, musgos, terra, pedras e vidros – sem reclamar. E você prepara as melhores receitas caseiras que não consigo parar de comer. Caso contrário, eu viveria apenas de waffles congelados. Nós dois, baby, sempre juntos, até que o sol se transforme em uma supernova.

Para Carmela Colletti, minha mãe, que ganha uma menção especial porque, aos 91 anos, ainda é ativa e alegre. Ela anda para cima e para baixo cuidando de coisas para amigos mais jovens e embarca em aviões para voar por todo o país. A maior lição que me deu foi: "Persevere". E também proclamou: "Seus terrários são tão bonitos que dá vontade de comer". Foi um elogio e tanto vindo de uma italiana. Para nós, tudo gira em torno da comida. E um enorme agradecimento vai para minha irmã, Rosalie Kleeb, que me incentiva em todas as aventuras malucas da vida.

FORNECEDORES

Veja como e onde buscar inspiração! Você, que é um admirador de terrários, deve conectar-se com artistas, designers, comerciantes, lojas e comunidades que têm os mesmos interesses. E ainda pode desenvolver seus próprios projetos e compartilhar com pessoas do mundo todo.

Por meio das mídias sociais, é possível criar nossa própria narrativa visual ou, em instantes, ver a inspiração surgir diante de nossos olhos. As redes exibem terrários de todos os lugares do mundo e informam onde encontrar materiais, ideias e informações adicionais, além de, como já disse, nos colocar em contato com pessoas que dividem conosco essa mesma paixão.

Para começar, quero estar ao seu lado enquanto você se transforma em um mestre dos terrários e da jardinagem doméstica. Meu website reúne dicas sobre plantio, calendário de eventos e informações sobre tendências. Em meus endereços nas redes sociais, além de ver fotos de meus modelos, é fácil entrar em contato comigo ou postar suas criações no Twitter, Pinterest e Instagram para mostrar o que andou criando.

Siga meus murais no Pinterest para acompanhar um mundo de belezas visuais!

Contatos do Maria Colletti Design Studio

Twitter: @GreenTerrariums
Facebook: Terrariums Gardens Under Glass
Pinterest: Maria Colletti Green Terrariums
Instagram: maria.colletti.399
Website: www.green-terrariums.com

No Pinterest, há uma numerosa quantidade de seguidores interessados em terrários, plantas aéreas, suculentas e musgos. Pesquise os fornecedores regionais até encontrar o que procura: monte seu mapa para descobrir pessoas que moram na sua cidade, no seu estado ou no outro lado do planeta. Meu Twitter é uma viagem de volta ao mundo e um guia para encontrar pessoas fascinantes e websites que podem inspirar seus projetos futuros. Mãos à obra!

Nota do editor: todo contato com a autora deverá ser feito em língua inglesa.

BRASIL

BRASÍLIA - DF

Planta no Pote @plantanopote
Design de terrários, venda de suculentas e cactos.
Contato: plantanopote@gmail.com; (61) 9509-5097

CURITIBA - PR

Bela Suculenta @belasuculenta
Terrários, cursos presenciais e on-line e venda de kits.
http://www.belasuculenta.com/
Contato: contato@belasuculenta.com

HOLAMBRA - SP

Garden Center
Loja de plantas, arranjos e acessórios da "Cidade das Flores".
Rodovia SP-107, km 29,9
Contato: vendas@gardencidadedasflores.com.br; (19) 3802-9636
www.gardencidadedasflores.com.br

JOINVILLE - SC

Planeta Jardim @planetajardim
Design de terrários e venda de plantas.
Contato: (47) 99186-5613

LUMIAR E RIO DAS OSTRAS - RJ

Terrários Húmus da Mata Atlântica
Design de terrários e cursos.
Ateliê em Lumiar: Estrada Lumiar - Boa Esperança, ladeira do Condomínio das Hortênsias.
Ateliê em Rio das Ostras: apenas com agendamento prévio.
http://terrarioshumusdamataatlanticaloja.wordpress.com/
Contato: terrarioshumusdamataatlantica@gmail.com; (22) 99253-3903 e 8110-0308

MANAUS - AM

Florar Studio @florarstudio
Design de terrários.
Contato: florarstudio@gmail.com; (92) 99124-9978 e 99174-7994

MIRACATU - SP

Jardim Exótico @ jardimexotico
Mudas e sementes, mais de 800 espécies disponíveis.
https://www.jardimexotico.com.br/
Contato: (13) 99671-3021

RECIFE - PE

Projeto Vida @vidapaisagismoejardinagem
Terrários, vasos, projetos de paisagismo.

RIO DE JANEIRO - RJ

MinD @casamindbr
Loja de decoração que também vende terrários, vasos e cachepôs.
www.casamind.com.br
Rua Conde de Baependi, 93 - São Salvador
Contato: (21) 3251-9788

Terrários & Cia @terrariosecia
Butique de terrários da designer Fabiana Mandarino, oferece cursos presenciais e on-line.
https://terrariosecia.com.br
Contato: info@terrarios.com.br; (21) 97958-3666,

Wabi-Sabi Ateliê @laura_wabisabiatelie
Projetos botânicos e oficinas de terrários.
www.wabisabiatelie.com
Contato: contato@wabisabiatelie.com; (21) 3085-1420 e 99272-8390

SALTO GRANDE - SP

Plantei
Venda on-line de mudas, sementes, adubos, ferramentas e materiais para o cultivo de plantas em casa.
R. José Bonifácio, 1.411
www.plantei.com.br/
Contato: (14) 3378-1382 e 3378-4101

SALVADOR - BA

Terrário Meu Mini Jardim @terrariossa
Design de terrários.
Contato: terrariomeuminijardim@gmail.com

SÃO PAULO - SP

Amapá Atelier e Flowershop
Flores e arranjos, vasos exclusivos e feitos à mão, workshops e serviço de assinatura de buquês.
R. Padre Artur Somensi, 85 - Vila Madalena
http://amapa.virb.com/
Contato: (11) 2372-6540

FLO Atelier Botânico @atelierbotanico
Plantas exóticas, plantas aéreas, minerais, vasos e workshops.
R. Delfina, 115 - Vila Madalena
www.atelierbotanico.com
Contato: (11) 2589-6116

Jardim no Pote @ jardimnopote
Design de terrários e cursos. Venda de materiais para terrários na loja.
Pça. Benedito Calixto, 158, Galeria Como Assim?! - Pinheiros
R. Augusta, 1.372 - Consolação
www.jardimnopote.com.br
Contato: (11) 98904-9308

JardimSP @ jardimspterrarios
Design de terrários.
R. Augusta, 2.559 - Jardins
Pça. Benedito Calixto, 85, Galeria Qualquer Coisa - Pinheiros
www.jardimspterrarios.com.br
Contato: (11) 3085-3234 e 97028-4766

Jardin do Centro @jardindocentro
Plantas, mudas, flores, acessórios de jardinagem e itens de decoração.
R. General Jardim, 490-494, Centro
www.jardin.eco.br
Contato: (11) 3151-3789

Mii Atelier @miiatelier
Ateliê de design de cerâmicas para plantio e hangers para plantas.
www.miiatelier.com/

MinD @casamindbr
Loja de decoração que também vende terrários, vasos e cachepôs.
R. Harmonia, 234 - Vila Madalena
www.casamind.com.br
Contato: (11) 3068-0221

Os Mini Mundos @osminimundos
Design de terrários, oficinas e kits para montar terrários em casa.
R. Fradique Coutinho, 139 - Pinheiros
www.osminimundos.com
Contato: contato@osminimundos.com

NôMato Arte Botânica @nomatoartebotanica
Design de terrários, kokedamas, plantas aéreas.
www.nomato.com.br
Contato: no@nomato.com.br; (11) 99824-3004;

Selvvva @selvvva
Pratos, vasos, cachepôs e suportes de ferro para plantas.
Av. Angélica, 501 - Térreo

www.selvvva.com
Contatos: verde@selvvva.com;
(11) 3129-3486

Shopping Garden
Loja de flores, plantas e acessórios para jardinagem e paisagismo.
Av. República do Líbano, 1.789 - (11) 5051-6676
Av. dos Bandeirantes, 5.900 - (11) 5591-5555
Av. Salim Farah Maluf, 2.211 - (11) 2227-8500
www.shopgarden.com.br/novoblog/

Studio Drê Magalhães @studiodremagalhaes
Design de acessórios femininos e hangers para plantas.
R. Joaquim Antunes, 232 - Pinheiros
www.studiodremagalhaes.com.br
Contato: (11) 94547-4934;
info@studiodrezamagalhaes.com.br

Terra Jardim Terrários @terrajardim
Design de terrários e cursos.
R. Augusta, 1408, Shopping Center 3 (aos sábados)
www.terrajardim.com.br
Contato: contato@terrajardim.com.br;
(11) 99461-9179 e 99754-9327

Uemura Flores e Plantas @uemurafloreseplantas
Venda de plantas, vasos e acessórios variados para plantio nas lojas físicas e on-line.
R. Baumann, 963 - Vila Leopoldina
R. Potsdan, 66 - Vila Leopoldina
www.uemurafloreseplantas.com.br/
Contato: marketing@uemurafloreseplantas.com.br;
(11) 3641-7940 e 3641-1004

ESTADOS UNIDOS

BRONX - NY

NYBG Shop @ShopintheGarden
The New York Botanical Garden, Shop in the Garden
www.nybgshop.org
Contato: (718) 817-8073

LOS ANGELES - CA

Juicy Kits @JuicyKits
Kits faça-você-mesmo com suculentas e plantas aéreas.
www.juicykits.com

MANHATTAN - NY

Jamali Garden @JamaliGarden
Seleção especial de vasos e material para jardinagem no mercado de flores de Nova York.
www.jamaligarden.com
Contato: (201) 869-1333 ou (201) 869-9143

MIAMI - FL

Plantstr @Planstr
Vende kits com plantas aéreas exóticas, mas fáceis de cuidar.
www.plantstr.net
Contato: (305) 951-0500

CENTRAIS DE ABASTECIMENTO (CEASA)

Nas Ceasas de todo o país é possível comprar plantas, substrato e outros materiais de jardinagem. Eis os endereços em algumas capitais:

BRASÍLIA - DF

SIA Sul Trecho 10 - Lote 05 - Pavilhão B3 - Zona Industrial
Contato: (61) 3363-1212

CURITIBA - PR

Av. João Gualberto, 1.740, 4º andar - Juvevé
Contato: (41) 3253-3232

GRANDE BELO HORIZONTE - MG

BR 040 - km 688 - Guanabara, Contagem
Contato: (31) 3399-2122

PORTO ALEGRE - RS

Av. Fernando Ferrari, 1.001 - Anchieta
Contato: (51) 2111-6600

RIO DE JANEIRO - RJ

Av. Brasil, 19.001 - Irajá
Contato: (21) 3371-6611

SALVADOR - BA

Av. General Graça Lessa, 888 - Vale do Ogunjá - Brotas
Contato: (71) 3116-2600

SÃO LUÍS - MA

Av. Jerônimo de Albuquerque, 53 - Cohafuma
Contato: (98) 3236-8693

SÃO PAULO - SP

Conhecido como Ceagesp (Companhia de Entrepostos e Armazéns Gerais de São Paulo).
Av. Dr. Gastão Vidigal, 1946 - Vila Leopoldina
Contato: (11) 3643-3700

FEIRAS PERMANENTES

Eis algumas feiras brasileiras de antiguidade ou artesanato. Nelas é possível encontrar inspiração e objetos de decoração para seu terrário, além de recipientes que podem servir como vasos e suportes.

BELO HORIZONTE - MG

Feira Hippie
Av. Afonso Pena, Belo Horizonte
Domingos, da madrugada até às 14h
www.feirahippie.com/
Contato: contato@feirahippie.com

CAMPO GRANDE - MS

Feira Central
Av. Calógeras com 14 de Julho, na Esplanada da Ferrovia
Quartas, quintas e sextas, a partir das 16h
Sábados e domingos, a partir das 12h
www.feiracentralcg.com.br/feira/
Contato: (67) 3317-4671

CARUARU - PE

Feira de Caruaru
Parque 18 de Maio
Todos os dias, das 8h às 17h
www.feiradecaruaru.com/portal/

CASCAVEL - CE

Feira de São Bento
Centro
Sábados, das 7h às 11h

EMBU DAS ARTES - SP

Feira de Embu das Artes
Largo 21 de Abril, Largo dos Jesuítas e ruas centrais da cidade
Segunda a sexta, das 9h às 17h30, e sábados, domingos e feriados, das 9h às 18h

PORTO ALEGRE - RS

Brique da Redenção
Av. José Bonifácio, Bairro Bom Fim (Parque Farroupilha)

Domingos, das 9h às 17h
www.briquedaredencao.com.br

RIO DE JANEIRO - RJ

Feira da Avenida Atlântica
Parte central do calçadão da Av. Atlântica, perto da R. Djalma Ulrich, Copacabana
Segunda a sábado, das 18h até meia-noite

Feira Hippie de Ipanema
Pça. General Osório, entre as ruas Teixeira de Melo, Visconde de Pirajá e Prudente de Morais, Ipanema
Domingos, das 7h às 19h
www.feirahippieipanema.com

SALVADOR - BA

Mercado Modelo
Pça. Visconde de Cayru, Comércio
Segunda a sábado, das 9h às 19h, domingos e feriados, das 9h às 14h
www.mercadomodelobahia.com.br

SÃO PAULO - SP

Feira da Pça. Benedito Calixto
Pça. Benedito Calixto s/n, Pinheiros
Sábados, das 9h às 19h
www.pracabeneditocalixto.com.br

Feira de Antiguidades do Bixiga
Pça. Dom Orine s/n, Bixiga
Domingos, das 9h às 17h
www.portaldobixiga.com.br/feira-de-antiguidades
Contato: contato@portaldobixiga.com.br

Feira da Liberdade
Pça. da Liberdade s/n, Liberdade
Sábados e domingos, das 8h às 16h
www.feiraliberdade.com.br

Feira de Antiguidades do Masp
Av. Paulista, 1.578, Cerqueira César
Domingos, das 9h às 17h
www.aaesp.art.br/historia_index.asp
Contato: (11) 3253-6382, associacao.antiquarios@aaesp.art.br

Feira de Antiguidades e Design – MuBE
Av. Europa, 218
Domingos, das 10h às 18h
Contato: (11) 2594-2601

TERESÓPOLIS - RJ

Feirinha de Teresópolis
Pça. Higino da Silveira (Pça. do Alto)
Sábados, domingos e feriados, das 10h às 18h

FEIRAS DE FLORES

HOLAMBRA - SP

Expoflora
Maior feira de flores da América Latina, a Expoflora é realizada todo mês de setembro. Oferece exposição de flores, mostras de paisagismo, shows, gastronomia e outras atrações.
Al. Maurício de Nassau, 675
http://www.holambra.sp.gov.br.

VAREJISTAS

Procure por plantas, substratos, recipientes de vidro e outros materiais para a montagem de terrários em sites e lojas físicas de grandes redes de materiais de construção e de petshops. Supermercados também são uma ótima opção para plantas, flores e materiais de jardinagem. E, se desejar recipientes e enfeites menos convencionais, visite lojas de decoração ou de artigos para cozinha. A seguir, redes que podem ser encontradas em endereços em grande parte do país.

Americanas
www.americanas.com.br

Cobasi
www.cobasi.com.br/casa-e-jardim/jardim

Etna
www.etna.com.br

Leroy Merlin
www.leroymerlin.com.br

Pão de Açúcar
www.paodeacucar.com

Petz
www.petz.com.br/piscina-e-jardim

Spice
www.spicy.com.br

TokStok
www.tokstok.com.br

JARDINS BOTÂNICOS – BRASIL

Existem inúmeros jardins botânicos espalhados pelo Brasil. Eis alguns:

Jardim Botânico de Manaus - AM
Av. Uirapuru s/n, Cidade de Deus
www.jardimbotanicodemanaus.org/doku.php
Contato: (92) 3582-2929, atendimento@jardimbotanicodemanaus.org

Jardim Botânico de Porto Alegre - RS
R. Dr. Salvador França, 1427
www.jb.fzb.rs.gov.br/
Contato: centro de visitantes: (51) 3320-2027, administração: (51) 3320-2024, jbotanico@fzb.rs.gov.br

Jardim Botânico de Salvador - BA
Av. São Rafael s/n, São Marcos
www.jb.salvador.ba.gov.br/index.asp?pg=jb
Contato: (71) 3393-1266

Jardim Botânico de São Paulo - SP
Av. Miguel Stéfano, 3.031, Água Funda
www.jardimbotanico.sp.gov.br/
Contato: (11) 5067-6000

Jardim Botânico do Recife - PE
BR 232, km 7,5, Curado
www.jardimbotanico.recife.pe.gov.br

Jardim Botânico do Rio de Janeiro - RJ
R. Jardim Botânico, 1008, Jardim Botânico
www.jbrj.gov.br/
Contato: (21) 3874-1808 e 3874-1214, jbrj@jbrj.gov.br

Jardim Botânico Irmãos Villas Bôas - Sorocaba - SP
R. Miguel Montoro Lozano, 340, Jd. Dois Corações
http://meioambiente.sorocaba.sp.gov.br/jardimbotanico/
Contato: (15) 3235-1130, jardimbotanico@sorocaba.sp.gov.br

Parque Ambiental e Instituto Cultural Inhotim - Brumadinho - MG
Rua B, 20
www.inhotim.org.br
Contato: (31) 3571-9700

Parque Botânico da Ilha Grande - Angra dos Reis - RJ
Rua Amapá s/n, Vila Dois Rios - Ilha Grande
www.ecomuseuilhagrande.eco.br/parquebotanico
Contato: (24) 3361-9055

JARDINS BOTÂNICOS – ESTADOS UNIDOS

Brooklyn Botanic Garden
www.bbg.org

Chicago Botanic Gardens
www.chicagobotanic.org

Horticultural Society of NY
www.thehort.org

New York Botanical Garden (Jardim Botânico de Nova York)
www.nybg.org

San Francisco Conservatory of Flowers
www.conservatoryofflowers.org

BLOGS E FAÇA-VOCÊ-MESMO

BRASIL

ABC das Suculentas
http://suculentasminhas.blogspot.com.br/

A Casa que Minha Vó Queria
www.acasaqueaminhavoqueria.com

Arrumadíssimo
www.arrumadissimo.com.br

Canal Rural
http://www.canalrural.com.br

Casa de Firulas
www.casadefirulas.com.br

Lagos & Jardim
www.lagoejardim.com.br/blog

Lar, Doce Lar
www.lardocelar.blog.br/

Minhas Plantas
www.minhasplantas.com.br/blogs/

Vila do Artesão
www.viladoartesao.com.br/blog/

ESTADOS UNIDOS

Apartment Therapy
www.apartmenttherapy.com

Brandi Chalker, workshops na Califórnia
www.succulentsandsunshine.com

Design Sponge
www.designsponge.com

Dirt du Jour
http://gardenblogs.gardenbloggers.com/2009/06/dirt-du-jour.html

UTILIDADE PÚBLICA

Caso deseje investir no design de terrários e criar seu próprio negócio, procure cursos sobre empreendedorismo, gestão e finanças no portal do Sebrae. Busque também os cursos profissionalizantes afins disponíveis no Senac de sua cidade. Para pesquisas na área de plantio, cursos e workshops, acesse o site da Embrapa.

Sebrae
www.sebrae.com.br/sites/PortalSebrae

Senac
www.senac.br/

Embrapa
www.embrapa.br

REVISTAS

Casa Cláudia

Casa & Jardim

Globo Rural

Natureza

Paisagismo & Jardinagem

REVISTAS AMERICANAS

Better Homes and Gardens

Coastal Living

Country Gardens

Country Living

Garden Design

Hudson Valley Magazine

Martha Stewart Living

The Cottage Journal

Westchester Homes

Westchester Magazine

LEITURAS SUGERIDAS

Beautiful Tabletop Gardens [Belos jardins de mesa], de Janice Eaton Kilby

Bring the Outdoors In [Traga o jardim para dentro], de Shane Powers

No Jardim Botânico de Nova York, o Enid A. Haupt Conservatory é um terrário gigantesco.

Cactus & Succulents [Cactos e suculentas], de Asakawa, Bagnasco, Foreman, Buchanan

Indoor Garden [Jardim em ambiente interno], de Diana Yakeley

Keshiki Bonsai [Bonsai keshiki], de Kenji Kobayashi

The Living Wreath [A guirlanda viva], de Natalie Bernhisel-Robinson

The New Terrarium [O novo terrário], de Tovah Martin

The Plant Recipe Book [O livro de receitas de arranjos de plantas], de Baylor Chapman

The Secret Lives of Mosses [A vida secreta dos musgos], de Stephanie Stuber

Succulents Simplified [Suculentas simplificadas], de Debra Lee Baldwin

Teeny Tiny Gardening [Jardinagem em miniatura], de Emma Hardy

Terrarium Craft [Artesanato de terrários], de Amy Bryant Aiello e Kate Bryant

The Unexpected Houseplant [A planta inesperada], de Tovah Martin

The Victorian Fern Craze [A paixão vitoriana por samambaia], de Sarah Whittingham

GLOSSÁRIO

Acrocárpico: Tipo de musgo verdadeiro com hastes eretas e cápsulas na ponta do ramo, como o *Dicranum*.

Aquário: Recipiente de vidro, geralmente com duas faces planas e capacidade para 1,9-3,8 litros. Usado tradicionalmente para acomodar peixes.

Assimétrico: Que não apresenta simetria.

Binômio: Nome científico que se aplica ao sistema de nomenclatura botânica introduzido por Lineu, em que cada planta recebe dois termos latinos: um substantivo que indica o gênero e um adjetivo que indica a espécie.

Bolas marimo: Bolas de alga originárias do lago Akan, Hokkaido, Japão.

Caixa wardiana: Tipo antigo de recipiente fechado e protegido para plantas. Versão inicial do terrário, inventada pelo dr. Nathaniel Bagshaw Ward (1791-1868).

Carvão ativado: Pedaço sólido de carvão que recebeu oxigênio para aumentar a capacidade de absorção. Usado para filtrar impurezas.

Cobertura: Cascalhos, pedras de rios ou pedaços de vidro colocados por cima da terra para decorar e também para ajudar a reter umidade.

Compoteira: Recipiente de vidro, porcelana ou metal, com base e haste, tradicionalmente usado para servir compotas, frutas e oleaginosas.

Condensação: Processo de reduzir um gás ou vapor ao estado líquido.

Copo hurricane: Copo cilíndrico de vidro, com uma parte mais larga no centro. Pode ser usado para acomodar velas sem que o vento sopre ao redor da chama.

Detritos: Fragmentos soltos de materiais como terra, pedras quebradas ou plantas.

Drenagem: Meios de escoar o excesso de água ou umidade.

Enraizamento excessivo: Ocorre em plantas cujas raízes crescem muito e ocupam o recipiente inteiro – e que, por isso, precisam ser transplantadas.

Epífita: Em botânica, planta que cresce apoiando-se sobre outra, sem retirar os nutrientes da hospedeira: inclui samambaias, orquídeas e bromélias.

Equilíbrio: Condição existente quando uma reação química e sua reação reversa ocorrem em medidas iguais, balanceando o ambiente. Um exemplo é quando um terrário alcança paridade entre umidade e circulação de ar.

Esfera: Objeto circular perfeitamente redondo.

Espécie: A maior subdivisão de um gênero, considerada a categoria básica da classificação biológica – e que não seja um híbrido ou uma variedade.

Esporófito: Tipo de planta, particularmente musgo, que produz esporos assexuados.

Fertilizante: Material acrescentado à terra ou à própria planta para fornecer nutrientes adicionais.

Folhagem: Folha de palmeira ou samambaia.

Fotossíntese: Reação química estimulada pela energia da luz, por meio da qual o dióxido de carbono da atmosfera combina-se à água para produzir o oxigênio e os açúcares usados como fonte energética no crescimento, na reprodução e no reparo do tecido das plantas. A fotossíntese ocorre principalmente nas folhas e é em geral mediada por pigmentos sensíveis à luz conhecidos como clorofilas.

Fungo: Qualquer um dos diversos grupos de organismos eucariotas unicelulares ou multinucleados que vivem da decomposição e absorção do material orgânico em que crescem – incluindo cogumelos, bolor, míldio, carvão [doença das plantas], ferrugem [das plantas] e leveduras –, classificados no reino Fungi ou, em alguns sistemas de classificação, na divisão Fungi (*Thallophyta*) do reino Plantae.

Gênero: A principal subdivisão habitual de uma família ou subfamília na classificação dos organismos; geralmente inclui mais de uma espécie.

Indução do desenvolvimento de bulbos: Induzir o desenvolvimento de bulbos em ambientes fechados fora da estação original.

Jardim pendente: Jardim japonês suspenso feito com a inserção de uma bola de raízes em uma bola de terra úmida, que então é embrulhada com arame e musgos.

Lanterna: Luminária portátil com laterais de vidro.

Muda: Parte de uma planta, proveniente de sementes ou de estacas, com a finalidade de reprodução.

Musgo: Nome popular para plantas da classe Musci, de crescimento lento, sem flores e sem raízes, e que não têm sistema vascular (circulatório). Outros gêneros são chamados popularmente de musgo, como *Lycopodium* (licopódios) e *Selaginella* (selaginelas), porém não são musgos verdadeiros, pois apresentam sistemas vasculares.

Nomenclatura binária: Trata-se do vocabulário internacional de nomes de plantas em latim, padronizados por comissões estabelecidas por experts em taxonomia.

Objeto da natureza: Algo que você encontra ao ar livre ou em ambientes naturais.

Pântano: Área lodosa que acumula turfa, depósito de material botânico morto – geralmente musgo e, na maior parte dos casos, musgo esfagno.

Pétala: Um dos segmentos, muitas vezes colorido, da corola de uma flor.

Pigmentação: A coloração natural do tecido das plantas.

Planta carnívora: Planta encontrada em pântanos que aprisiona e "digere" pequenos insetos para adquirir nitrogênio, elemento que geralmente falta no solo úmido em que vive. Inclui plantas como vênus-caça-mosca e nepentes.

Pleurocárpico: Tipo de musgo verdadeiro com hastes rastejantes que tendem a crescer de forma entrelaçada, como o *Hypnum*.

Redoma: Cobertura em forma de sino usada para proteger a planta de geada ou frio; uma estufa individual.

Solo: O meio em que vive um organismo, como terra ou pedra.

Substrato: Mistura de terra esterilizada, perlita e vermiculita. A permita e a vermiculita fazem volume, sem pesar muito. Algumas marcas incluem fertilizantes na mistura.

Substrato para cactos: Terra para plantar cactos e suculentas; contém areia.

Substrato para violeta-africana: Mistura de terra com pH um pouco mais ácido. Você pode criar sua própria mistura nas seguintes proporções: $1/3$ de substrato, $1/3$ de turfa e $1/3$ de vermiculita ou perlita.

Suculenta: Planta com folhas pesadas e grossas que armazenam água.

Tigela com base: Tigela redonda de vidro com uma base que confere estabilidade e estilo.

Touceira de raízes: Quando as raízes de uma planta crescem na terra e criam uma massa compacta.

Variedade (planta): O nome (geralmente mostrado entre aspas simples) que garante ao produtor alguma proteção legal em relação ao nome da planta cultivada (cultivar) como variedade especial.

Variegação: A combinação de duas ou mais cores (como branco e verde) nas pétalas, folhas e outras partes das plantas.

Vaso: Recipiente de vidro com forma simples ou elaborada onde terrários podem ser montados.

Vidro de boticário: Pote alto de vidro com tampa. Era usado em farmácias antigas para armazenar mercadorias.

Zona temperada: A parte da superfície terrestre que fica entre o trópico de Câncer e o círculo polar Ártico, no hemisfério Norte, ou entre o trópico de Capricórnio e o círculo polar Antártico, no hemisfério Sul. Caracteriza-se por clima quente no verão, frio no inverno e moderado na primavera e no outono.

ÍNDICE

Números de páginas em itálico referem-se a menção das entradas nas legendas de fotos.

Abby Aldrich Rockefeller, jardim em Seal Harbor, Maine, 12
acrocárpico, 137
Adams, Lori, 103
Adiantum capillus veneris, 116, *116*
Aegagropila linnaei, 146
Aeonium, 121
agave azul, *121*
aguapé, 149
alface-d'água, *148*, 149
algas, 146
Aloe, 26
Aloe hemmingii, 121
Aloe petrophila, *121*
Alternanthera, 21, *21*, 127
Aquário clássico, 76-9
aquário
 com tampa, 54
 grande, 53
 minúsculo, 53-4
 passo a passo, 76-9
 variações, 20-3
Aralia, 76
araucária-de-norfolk, *27*, 46-47, *59*, 127-8
Araucaria heterophylla (araucária-de-norfolk), *27*, 46-47, *59*, 127-8
areia, 38
 colorida, *38*
 em jardins de pedra *karesansui*, 141
 em jardins japoneses de areia, 141-2
 em terrários com paisagens desérticas, 26-7
 lavar cascalho miúdo e, 37
 na bandeja de orientação zen, 140
 na Gota de vidro suspensa, 94-5
 na Lanterna com tilândsia, 89
 no Cenário praiano, 104
 no Globo de vidro suspenso, 97
 plantas aéreas e, 110
areia verde, 80
armadilhas adesivas, 154
asplênio [ou ninho-de-passarinho], 19, *19*, 20, *20*, 116, *116*
Asplenium nidus, 19, *19*, 20, *20*, 116
aulas de kokedama, 146

bagas, 47
balde, 36
bandeja de orientação zen, *140*, 140-1
Batson's Foliage Group, 118
Beaucarnea recurvata (pata-de-elefante), 104, *105*, 123
casa de pássaros, 17
begônia-asa-de-anjo (*Begonia coccínea*), 19, *19*

begônia-morango (*Saxifraga stolonifera*), 20, *20*, 23, *23*, 128, *128*
bolas de gude, 38
bolas de musgo, 143, *144*, 145
bolas marimo, 133, 145-6, *146*, *147*, 147
bonsai keshiki, 142-3
bonsai, 117-8, 135, 142-3, *143*
borrifar. *Ver também* hidratação
 cactos, 157
 musgo, 78
 remover detritos do terrário pronto, 35
 suculentas, 119
 touceira de raízes, 72
bromeliáceas, 44

cacos de vidro, 38
cactos, *157*
 com seixos e pedras, 36
 em paisagens desérticas, 24-6, *26*
 hidratação, 157
 pincéis e, 34
 uso de pedras em substituição à terra, 36
caixas wardianas, 84-8
Caltha palustris, 149
caminho de pedras feito de resina, *8*, *13*
caniço, *49*
carvão ativado, 38-9, 42, 69, 70
 Aquário clássico, 76
 Caixa wardiana, 84-5
 colocado sobre a área de drenagem ou sobre a terra, 71
 em jardins flutuantes, 147
 para aproveitar a capacidade de absorção, 40
 Pote com tampa, 80
 Vaso de cerâmica suspenso, 92-3
casa de pássaros, *47*
casca de pínus, 39, 41, 55
cascalho, *20*, *20*, 36-8, *37*
cascalho para aquário, 36-7, 99
cascalho miúdo, 37-8, *38*
 no Cenário praiano, 106
 no Cilindro com seixos, 99
 no Vaso de cerâmica suspenso, 92
cascalho verde, *20*, *20*
cavalinha, 149
cedro-do-atlas (*Cedrus atlantica*), *143*
Cenário praiano, 104-7
cenário com neve, 27-8
Cenários da floresta, 23-4
 Cladonia rangiferina, *137*
 Globo de vidro suspenso, 97-8
 cerca no Cenário praiano, *107*
chifre-de-veado (*Platycerium grande*), 102, 109, 112, *112*, 145
Chlorophytum comosum, 76
Chondrus crispus, 142
cilindros, plantas aéreas em, 53

Cilindro com seixos, 99-101
cilindros
 Cilindro com seixos, 99-101
 com mikado, 123
 com plantas aéreas, 53
 hidratação alternativa, 157
Cladonia rangifera, 137
Cladonia rangiferina seco verde-amarelado, 17, 19, *19*, *42*
Climacium americanum, 137
clorófito, 76, 79
cobertura. *Ver também* cascalho; pedras e seixos
 casca de pínus, 41
 importância da, 39
 juntando a, 73-4
 musgo, 41, 55
cochonilha-farinhenta, 153-4
Codiaeum variegatum, 59
Codiaeum. Ver crótons (*Codiaeum*)
compoteiras, 51, 66, 66-7
conchas, 25, *25*, 47, *48*, 146
confete, 23, *23*, 129
Conservatory of Flowers, Golden Gate Park, *10*
Crassula (planta-jade). *Ver* planta-jade (*Crassula*)
cristais, 38, 46, 48
crótons (*Codiaeum*), 59, *59*, 84, 127, *127*, 129
Cryptanthus, 113
 Lanterna com tilândsia, 89
 'Pink Star', 21, *22*, 109
 terrário em aquário, 20-3, *21*
cuidados e manutenção. *Ver também* hidratação
 bolas marimo, 146
 identificação das plantas, 152
 jardins flutuantes, 149
 necessidades básicas das planta, 151
 plantas aéreas (*Tillandsia*), 110-2
 poda, 159-61
 projetos para caixas wardianas, 86
 recipientes em formato de meia-lua, 18
 reconstruir terrários, 161
 singônio (*Syngonium podophyllum*), 127, *127*
 suculentas, 119, 121
 Terrário tropical em Vidro triangular com palmeiras, 17
 terrários de musgo, 135-6
 terrários fechados, 158
 Vidro aberto com trio de plantas, 18, *18*
Cyperus alternifolius, 149
Cyperus papyrus, 149
Cyrtomium fortunei, 114, 115

Darwin, Charles, 8
jardins de areia desenhada, 141, 142
design de terrários, 15-29
 cenários da floresta, 23-4

design triangular básico, 74-5
drenagem, 70
globos de neve suspensos, 29, *29*
influência das plantas, 15-6
inspiração japonesa, 138-43
paisagens desérticas, 24-7
plantas variadas, 74
reproduzir a natureza nos terrários, 16
terrários tropicais, 17-20
terrários sazonais, 27-8, *29*
uso de musgos, 134-5, 138
variações em aquários, 20-3
Dicranum. Ver musgo *Dicranum*
Dicranum scoparium, 136. *Ver também* musgo *Dicranum*
dioneia, *9*, 45, 122, *122*
divisor de papel, 69
 no Aquário clássico, 76
 no Cenário praiano, 104
 no Cilindro com seixos, 99
 o espaço entre a drenagem e o substrato, 71
 usado com areia, 26, 38
Dracaena, 20, *19*
Dracaena marginata, 54, 119, *125*, 125
Dracaena reflexa, 119
drenagem. *Ver também* divisor de papel
 com bonsai keshiki, 142
 com casca de pínus, 41
 com cascalho miúdo, 17, 37-8
 com cascalho, seixos e pedras, 36
 em Caixa wardiana, 86
 em vidros com base, 54-5
 montagem, 70
 musgo e, 42
 o espaço entre a drenagem e o substrato, 71
 terra aditivada e, 40
Dryopteris erythrosora, 23-4, 67, 115, *115*, 139
Duas meias-luas irmãs, *25*

Echeveria. Ver suculentas (*Echeveria*)
Echeverría y Godoy, Atanasio, 119
ecossistema em terrários, 7, 109, 118, 154, 158
Eichhornia crassipes (aguapé), 149
Enid A. Haupt Conservatory, 12, 169
Enviro-Cakes, 118
Equisetum hyemale (cavalinha), 149
Euphorbia obesa, 121
Euphorbia pulcherrima, 27

ferramentas, 31, *33*
 balde e pá, *33*, 36
 funil, 32, *33*, 34, 72
 hashi, 35
 pinça, *33*, 35

pincel, *33*, 34-5
ferramentas com cabo de teca, 32
Ficus benjamina, 59
Ficus pumila (unha-de-gato), 8, 109, *126*, 129
Ficus pumila quercifolia, *126*, 127
filtro de café, 71
Fittonia
    características físicas, 124
    descrição, 124
    para aquários, *21-3*, 76
    poda, 159
    preferida, 118
    seleção de plantas, 74
    Terrário tropical em Vidro triangular com palmeiras, 17, *17*
Fittonia verschaffeltii, 159
flores secas, 48
folhas amarelas, 154
folhas mortas, 155
folhas pretas, 155
folhas secas, 155
Frame, Nancy, 110
fruteiras com base, 66-7, *67*
fungus gnats, 154
funil, 27-9, 32, *32*, 34, 72, 80-1, 89, 157

gardênia, 63
Gasteria, 97, 120-1
globos de neve suspensos, 29, *29*
globo de vidro suspenso, 173
globos de vidro, 61-3, *62-3*, 97-8
Golden Gate Park, San Francisco, Califórnia, *10*
Gota de vidro suspensa, 94-6
gotas de água em plantas ou paredes de vidro, 154
grama-preta, 138, 142
Graptopetalum, 121, 160, *160*

habitat sem terra. *Ver* plantas aéreas (*Tillandsia*)
hashis, 35
Haworthia, 25, 121
    Cilindro com seixos, 99, 100
    Gota de vidro suspensa, 94-5
Hedera helix (hera inglesa), *18*
Hedwigia ciliata, 137
Helxine soleirolii. *Ver* lágrimas--de-bebê (*Helxine soleirolii*)
Hemionitis arifolia, 115
hera, 18, *18*
hera inglesa, 18, *18*
hidratação. *Ver também* borrifar
    antes de plantar, 24, 72, 105
    em caixas wardianas, 86
    kokedama, 145
    Lithops, 122
    métodos, 156-7
    plantas aéreas, 110, 156, 157
    recipientes fechados e, 156-7
    suculentas, 119
história dos terrários, 7, 8
HMS *Beagle* (navio), 8
Howard, Kelley, 118

Hypnum. *Ver* musgo *Hypnum*
Hypnum curvifolium. *Ver* musgo *Hypnum*
Hypnum imponens. *Ver* musgo *Hypnum*
Hypoestes (confete), 19, *19*, 23, *23*, *128*, 129
iluminação. *Ver* luz do sol
ingredientes, 31, 70. *Ver também* musgo(s); plantas; pedras e seixos
    areia, 38
    cacos de vidro, cristal e bolas de gude, 38
    carvão ativado, 39, *39*, 69, 70
    casca de pínus, 41
    cascalho, 36-8
    elementos artísticos, 45-9
    lista de ingredientes básicos, 70
    para Aquário clássico, 76
    para Pote com tampa, 80
    substrato, 40
    varejistas, 11
insetos
    cochonilha-farinhenta, 153-4
    em objetos da natureza, 48
    fungus gnats, 154
    Pellaea rotundifolia, 20, *20*, 22, 115
inspiração oriental
    bolas marimo, 146, *146*
    bonsai keshiki, 142-3
    Interpretação em pedra e musgo (bandeja zen), *140*, 140-1
    jardins de pedra (*karesansui*), 140-1
    jardins flutuantes, *147*, 147-9, *148*
    kokedama, 143-6
    musgos e, 134-8
inspiração para terrários, 7, 12
    durante as compras, 11
    em redes sociais, 62
    para o projeto Cenário praiano, 104
    para um terrário vitoriano, 12
Ittie Bittie™, 118

Jardim Botânico de Nova York, 9, 13
jardins de inspiração oriental, 133
    bolas marimo, 146, *146*
    bonsai keshiki, 142-3
    características, 138
    Interpretação em pedra e musgo (bandeja zen), *140*, 140-1
    jardins de pedra (*karesansui*), 140, 141
    kokedama, 143-6, *144*
    pedras, *139*
    tipos de pedra, 141
jardins em miniatura, 43, 47, 131
jardins externos
    designs, 16
    imitações, 36
    objetos de jardim, 46

jardins flutuantes, *147*, 147-9
jardins pendentes (kokedama), 145, 146
jardins suspensos, 59, *60*, 61
    globos de neve, 29, *29*
    globos de vidro, 61-3, *62*
    passo a passo, 92-8
    tamanho e formato do recipiente, 59, 61
John P. Humes Japanese Stroll Garden, Long Island, Nova York, *139*

Kalanchoe marmorata, 121
Kalanchoe thyrsiflora, 121
karesansui, 140, 141
Keshiki bonsai (Kobayashi) 142
kits por encomenda, 63
Kobayashi, Kenji, 142
kokedama, 102, 112, 133, 143, 145

lago Akan, Japão, 145
lágrimas-de-bebê (*Helxine soleirolii*), *19*, 19-20, 59, 109, 123-4, 155
Lanterna com tilândsia, 89-91
lanternas, 63, *64*, *75*, 89-91, 141
lavanda, 62
Ledebouria socialis, 124, 125
Ledebouria violacea, 124
Leucobryum glaucum, 137
líquen *Cladonia rangiferina*, 17, 19, *19*, *42*, 43, 80, 83
líquen *Cladonia rangiferina* verde-amarelado seco, 17, 19, *19*, 42
Longwood Gardens, Kennett Square, Pensilvânia, 16, *114*
lua-do-vale-verde, 131
luz do sol, 160
    em excesso, 17
    para *Echeveria*, 160
    plantas aéreas, 110
    plantas que viram para o lado, 153
    talos finos, 155

malmequer-dos-brejos, 149
Mandarino, Fabiane, 111
manutenção. *Ver* cuidados e manutenção
Marimo Exhibition and Observation Center, Japão, 145
Marimo Festival, Japão, 145
mariposa, 7
Martha Stewart, loja on-line, 18
materiais. *Ver* ingredientes
mikado (*Syngonanthus chrysanthus*), 109, 123
montagem de terrários. *Ver também* projetos
    cobertura, 73-4
    detalhes do design, 74-5
    drenagem, 70
    o espaço entre a drenagem e o solo, 71
    plantio, 71-3
    processo passo a passo, 69

montinho de musgo seco, 23
Moss Acres, Honesdale, Pensilvânia, 43
Moss and Stone Gardens, 136
musgo barba-de-velho, *42*, 44
    em terrários fechados, 82
    em vidros de boticário, 55
musgo barba-de-velho colorido, 94, 96
musgo *Dicranum*, 56, *134*, *135*
    ambiente, 134
    Caixa wardiana, 84, 87
    características, 45
    com hastes de cor marrom, *137*
    cuidados, 135, 137
    em aquário, 22, *22*
    em vaso em formato de meia-lua, 18, *18*
    hidratação, 157
    Interpretação em pedra e musgo (bandeja zen), 140, *140*
    nomes comuns, 136
    Pote com tampa, 80, 82
musgo-do-mar, 142
musgo esfagno, 45, 122
musgo *Hypnum*, 41-3, *42*
    camada no fundo do vidro, 71
    em vidros com base, 55
    na Redoma do explorador, 102
    no Vaso de cerâmica suspenso, 93
    no Vidro aberto com trio de plantas, 18, *18*
    problemas, 137
musgo-pérola, *19*, 116, 142
musgo(s), 41-5, *42*
    barba-de-velho. *Ver* musgo barba-de-velho
    borrifar, 78
    com *Cryptanthus*, 21
    com problemas, 137
    cuidados e manutenção, 43, 135-7
    Dicranum. *Ver* musgo *Dicranum*
    em bonsais keshiki 142
    em projetos de terrários, 134-5, 138
    em terrários fechados, 137
    esfagno, 45, 122
    Hypnum. *Ver* musgo *Hypnum*
    Interpretação em pedra e musgo (bandeja zen), 140, *140*, 141
    limpeza, 48
    meio ambiente, 134
    musgo-pérola, 19, *19*
    Pote com tampa, 80
    Ptilium, 44
    Selaginella. *Ver* musgo *Selaginella*
    variedades, 42, *42*
musgo *Selaginella*, 45, 109
    com objetos de jardim, *45*
    condições para, 116
    desafios no cultivo, 160
    em aquários, *22-4*

na Caixa wardiana, 84, 86
os preferidos da autora, 117
'Ruby Red', 23, *23*
variedade, 74

Nephrolepis exaltata (samambaia-americana), 84, *114*, 160
Nephrolepis exaltata 'Duffy', 115
ninho, artificial x real, 49
ninhos, 48, *48*, 49
nomenclatura botânica, 138
nomes de plantas, 138
nozes, 47

objetos da natureza, 46, 47-9, *48*
objetos de jardim, *45*, 46-7, *47*
  Cenário praiano, 107
  com plantas aéreas, *111*
  em jardins flutuantes, 147
  em jardins japoneses, 138
Ophiopogon japonicus (grama-preta), 142
Opuntia na areia, 26
orquídea-borboleta, 55
orquídeas, 44-5, 55, 112-3

pá, *33*, 36
Paisagem africana com *Lithops*, 26, 26-7
palmeira-bambu *Neanthe bella*, 18, *18*, 55, 59, *67*, 80, *129*
palmeiras, 8
  em caixas wardianas, 59
  pata-de-elefante, 104, *105*, *123*
  sombrinha-chinesa, 149
  Terrário tropical em Vidro triangular com palmeiras, *17*, 19
papel de origami como divisor, 71, 76
Paphiopedilum [orquídea-sapatinho], 55
papiro-do-egito, 149
pata-de-elefante, 104, *105*, *123*
Pedras brancas e suculentas verdes, 25-6
pedras e seixos
  com suculentas, 25-6
  em aquários, 79
  em designs de inspiração japonesa, 138, *139*, 140, *141*
  grande e preta, em aquários, 23
  Interpretação em pedra e musgo, 140, *140*
  na Lanterna com tilândsia aérea, 90, 91
  no Globo de vidro suspenso, 98
  pedras de rio, 21, 23, 36-7, *60*, *98*, 99
  seixos perolados, 25
  tamanho, 38
pedras pretas, 23, *38*, *135*, *148*
Pellaea rotundifolia, 20, *20*, *22*, 115

penas, 48
Pennsylvania Horticultural Society, 47
Peperomia, 56, *130*, *131*
  em terrário com folhagem tropical, 17, *17*
  em terrário quadrado grande, 20, *20*
  favorita, 118
  lavar as folhas, 73
  no Pote com tampa, 80, 81, *81*
  no Vaso de cerâmica suspenso, 92, 93
  poda, 160
  variedades, 129, 131, *131*
peperômia anã, 131
Peperomia caperata, 129, *131*
Peperomia caperata 'Schumi Red', 129
Peperomia 'Meridian', 131
Peperomia obtusifolia, 129, 160, *160*
Peperomia puteolata, 129
Peperomia rosso, 131
Peperomia sandersii, 129
perlita, 40
Phalaenopsis (orquídea-borboleta), 55
Pilea, 131
Pilea cadierei (alumínio), 131
Pilea glauca, 131, *131*, 160
Pilea glauca 'Aquamarine', 131
Pilea involucrata, 131
Pilea microphylla, 131
Pilea mollis, 131
pinça, *33*, 35
pincel, *33*, 34-5, 106
pinhas, 48
'Pink Star' (*Cryptanthus*), 21-3, *22*, 109
Pinterest, 10, 61, 133
Pistia stratiotes, 147-8, 149
planta-artilheira, 131
Plantaflor USA, 110
planta-jade (*Crassula*), *25*, 99, *100*, 120, 121, *154*
planta-pedra (*Lithops*), 121-2, *122*
plantas, 109-31. *Ver também* plantas aéreas (*Tillandsia*); samambaias; musgo(s); suculentas (*Echeveria*); plantas tropicais; hidratação
  carnívoras, 122-3
  folhagem, 122-9
  identificação, 152
  influência no design dos terrários, 15, 16
  Ittie Bittie™, 118
  limpeza, 35, 73
  mikado (*Syngonanthus chrysanthus*), *123*
  necessidades básicas, 151
  para aquários grandes, 53
  para caixas wardianas, 59, *59*
  para terrários aquáticos, 149
  para terrários com tampa, 80
  para vidros com base, 54

poda, 53
podar as raízes, 72
solução de problemas, 152-5
tropicais, 129-31
unha-de-gato, 8, 109, *126*, *129*
usando variedade, 74
plantas aéreas (*Tillandsia*), 9
  com redomas, 63
  como epífitas, 44, 110, *111*
  cuidados, 110, *111*-2
  em ambientes secos, 110, 112
  em aquários, 21, 53
  em cilindros altos, 53
  em kits por encomenda, 63
  em projetos com plantas tropicais, 18, *18*
  Globos de neve suspensos, 28, *29*, *60*, 61
  hidratação, 110, 156, *157*
  Interpretação em pedra e musgo, 140, *140*
  passo a passo da Lanterna com tilândsia, 89-91
  usada com *Cryptanthus*, 21
  usos, 110
plantas epífitas, 44, 110, 112-3. *Ver também* plantas aéreas (*Tillandsia*)
plantas tropicais. *Ver também Peperomia*
  design, 16
  em caixas wardianas, 59
  em pratos para bolo, 66, *66*
  Pilea, 131
  pincel, 34
plantio dos terrários, 71-2
Platycerium grande (chifre-de-veado), 102, 109, 112, *112*, *145*
poda, 72, 77, 159-61
Podocarpus, 12, 13, *13*
poinsétia, 27
Polystichum tsus-simense, 115
Pote com tampa, 80-3
pot-pourri, 62
povo aino (Japão), *145*
prato para bolo com tampa, *66*, 118
problemas
  remover detritos do terrário pronto, 35
  solução de problemas, 152-5
produtos. *Ver* ingredientes; plantas; ferramentas
projetos, 75-107
  Aquário clássico, 76-9
  Caixa wardiana, 84-8
  Cenário praiano, 104-7
  Cilindro com seixos, 99-101
  Globo de vidro suspenso, 97-8
  Gota de vidro suspensa, 94-6
  Lanterna com tilândsia, 89-91
  Pote com tampa, 80-3
  Redoma do explorador, 102-3
  Vaso de cerâmica suspenso, 92-3

provérbio zen, 134
Ptilium, 44

recipientes, *50*, 51-7, *52*
  abertos, 18-9, *18-9*
  aquários, 23-4, 52-4, 76-9
  com base, 54-5
  compoteira, *66*, 66-7
  com pedras grandes, *38*
  com tampa, 17, *17*
  copo de conhaque, 21-2
  fechados. *Ver* recipientes com tampa
  fornecedores, 11
  fruteiras com base, 66-7, *67*
  globos de vidro, 61-3, *62*, 97-8
  lanternas, 63, *64*, 89-91
  meias-luas, *18*, 18-9, *19*
  "poço" no fundo, 38
  pratos para bolo, *66*, 66-7
  quadrados, 19, 19-20, *20*
  redomas, 63-4, *64*, *65*, 66, 102-3, 136, *143*, *144*, 145
  suspensos, 59, *60*, 61, *61*
  triangulares, 17, *17*
  variações de aquários, 20-3
  vidros de conserva, 57
recipientes com tampa, 8
  aquários fechados, 54, 113, 156, 158
  Cladonia rangiferina em, 43
  cultivo de musgos em, 135
  Hemionitis arifolia em, 115
  hidratação, 156-7
  passo a passo, 80-3
  potes de biscoito, 55, 57
  pratos para bolo, *66*, 66, 118
  terrários tropicais, 17, *17*
  vidros de boticário, 55, *56*
recipientes fechados. *Ver* recipientes com tampa
redes sociais, 10, 62
redoma, *51*, *64*
  chifre-de-veado (ao estilo kokedama), *144*, 145
  com musgos, 137, *143*
  definição, 64
  onde encontrar, 64
  passo a passo, 102-3
  terrários com flores típicas da primavera, 64
  valorização dos projetos, 63
Redoma do explorador, 49, 102-3, *103*
regador de bronze, 17
Rumohra adiantiformis, 19, *19*

Sagina subulata, 19, *19*, 116, 142
sagitária (*Sagittaria australis*), 149
samambaias, 17, 19, *114*, 115
  Adiantum, 116, *116*
  asplênio, 19, 19-20, *20*, 116, *116*
  chifre-de-veado, 102, 109, 112, *112*, *144*, 145
  Cyrtomium fortunei, *114*, 115
  Dryopteris erythrosora, 23-4,

115, *115*, 139
    em caixas wardianas, 59
    Hemionitis arifolia, 115
    limpeza, 73
    Nephrolepis exaltata 'Duffy', 115
    Pellaea rotundifolia, 20, *20*, 22, 115
    planta-artilheira, 131
    Polystichum tsus-simense, 115
    Pteris, 17, *17*, 18, *18*, 19, *19*
    samambaia-americana, 84, 115, 160
    samambaia-preta, *19*
    tipos, 113, 115-6
    usada com *Cryptanthus*, 22
    variedades inadequadas para terrários, 116, *116*
Sarracenia, 123
Saxifraga sarmentosa, 128, *128*
Saxifraga stolonifera, 20, *20*, 23, *23*, 128, *128*
Seal Harbor, Maine, 12
Sedum, 121
seixos. *Ver* pedras e seixos
selaginela. *Ver* musgo *Selaginella*
Selaginella apoda, 17
Selaginella erythropus, 24, *24*
Selaginella flabellata, 117
Selaginella kraussiana, 23, *23*, 84, *119*
Selaginella kraussiana 'Aurea', 117, *117*
Selaginella kraussiana browni 'Emerald Isle', 117
Selaginella kraussiana 'Gold Tips', 117
Selaginella martensii 'Frosty Fern', 117
Selaginella moellendorffi, 117
Selaginella pallescens, 117
Selaginella plana, 117
Selaginella 'Ruby Red', 23
Selaginella uncinata, 117
Sempervivum tectorum, *120*
Sempervivum, 121
Serissa 'Pink Mountain', *124*
singônio (*Syngonium podophyllum*), *127*
    Cenários da floresta, 24, *24*
    cuidados e características, 127
    descrição, 127
    Meia-lua, 19, *19*
    para lavar as folhas, 73
    poda, 159
    Pote com tampa, 80
    terrário em caixa wardiana, *129*
    terrário tropical, 17
Soleirolia (lágrimas-de-bebê), 59
solo, *39*. *Ver também* substrato
    "colinas" desiguais, 42
    desbotado, 153
    em cenários com neve, 27
    seco, 154
    umedecer durante o plantio, 86
solução de problemas, 152-5

sombrinha-chinesa, 149
Spain, David, 136
Spruce Home & Garden, 19
substrato, 40
    adição de água, 71-2
    na Caixa wardiana, 85
    o espaço entre a drenagem e o substrato, 71
    para cactos, 40, 95
    uso de pedras, 36
suculentas (*Echeveria*), 109, 118-21, *119-20*, 159
    crescimento, 121
    cuidado e hidratação, 119, 121, *156-7*, 160
    em compoteiras, 67
    em paisagens desérticas, 24
    folhas mortas, 119, 121
    gênero, 118-9
    Lithops (planta-pedra), 121-2
    luz do sol, 160
    na Gota de vidro suspensa, 94-5
    no Cilindro com seixos, 99-100
    no Globo de vidro suspenso, 97
    para pequenos terrários, 121
Syngonanthus chrysanthus (mikado), 123
Syngonium podophyllum. *Ver* singônio (*Syngonium podophyllum*)

tecido de algodão, 71
teoria da "sobrevivência do mais apto", 8
teoria do design triangular básico, 16-7
terrário tropical em Vidro triangular com palmeiras, 17, *17*
terrários com flores de primavera, 64
terrários com paisagens desérticas, 24-5
terrários com temas históricos, 47
terrários em ambientes das lojas, 19
terrários em aquários minúsculos, 53-4
terrários em caixas wardianas, *8*, 50, 51, 57, 58, 117
    cuidados, 86
    inspiração, 12
    passo a passo da Caixa wardiana, 84-8
    plantas para, 59, *59*
    preço, 57
    telhado, 57
    vidraças abertas, 57, 59
    Ward, Nathaniel B., 7
terrários em copo de conhaque, 21-2, *119*
terrários em meias-luas, *18*, 18-19, *19*
terrários em vidros quadrados, *19*, 19-20, *20*, 157
terrários festivos, 27, 29, *127*

terrários temáticos de Natal, 61-2, *62*, *127*
terrários tropicais, 17-20
The Shop in the Garden, Jardim Botânico de Nova York, 9
Tillandsia. *Ver* plantas aéreas (*Tillandsia*)
Tillandsia tectorum, 18, *18*
Tillandsia usneoides. *Ver* musgo barba-de-velho
touceira de raízes
    em kokedama, 143
    exposta, 73
    hidratação, 72
    podar ou cortar, 72, 77

unha-de-gato (*Ficus pumila*), 8, 109, *126*, *129*
    Caixa wardiana, 84, 87, *87*
    características, 125
    Ficus pumila quercifolia, 127
    para terrário fechado, 56, 80, 81, *81*, 82
    poda, 159
    terrário Cenários da floresta, 24
    terrário em copo de conhaque, 21, *21*
    terrário quadrado, 19-20

Van der Valk, Fedor, 146
Vaso de cerâmica suspenso, 92-3
vasos. *Ver* recipientes
vasos de cerâmica, 59, *60*
vermiculita, 40
Vidro aberto com trio de plantas, 18, *18*
vidros. *Ver* recipientes
vidros com base, *52*, 54-5
vidros de conserva, 57
Vinca (trepadeira), 67
violeta-africana, 40

Ward, Nathaniel B., 7, 9
Wave Hill, Bronx, Nova York, 61

SOBRE A AUTORA

Maria Colletti formou-se em horticultura e antropologia cultural antes de começar a trabalhar para uma empresa de paisagismo de Nova York cuidando de jardins ao ar livre. Mais tarde, em outra empresa, passou a se dedicar ao design de jardins internos nos prédios de escritórios de corporações como IBM e Xerox. Na época, a Xerox ganhou prêmios pelo lobby do edifício, grande e espetacular, com pé-direito alto e luz natural. Na IBM, os átrios enormes exibiam bambus, trepadeiras suspensas e fontes borbulhantes. Maria foi promovida a gerente em Manhattan, onde comandou uma equipe com cerca de doze técnicos. Entre seus clientes estavam o Guggenheim Museum, a sede executiva e os estúdios da ABC Television. Desde então, ela é a gerente da Shop in the Garden, loja do Jardim Botânico de Nova York, no Bronx, onde começou a desenvolver seus terrários.

Desde 2010, Maria Colletti dá aulas e integra a lista de professores dos programas de educação continuada da Westchester Community College, assim como do Jardim Botânico de Nova York, do Bartow-Pell Mansion Museum, no Bronx, e de Nixie Sparrow em Beacon, Nova York. Já trabalhou com paisagens desérticas, jardins tropicais, orquídeas, musgo-pérola e tudo que consegue sobreviver dentro de um vidro, principalmente *Selaginella* e *Dicranum*. Em *Terrários: Como criar, plantar e manter belos jardins em vidros*, seu primeiro livro, ela divide o que aprendeu nesses anos todos para que você também possa curtir a arte de criar jardins em vidros para sua casa. Para Maria, o importante é continuar aprendendo e compartilhar seu conhecimento com todo mundo. Na p. 165 você descobre como entrar em contato com a autora por meio das mídias sociais.